TO JAN HOET

CHRIS NEWMAN
IN MEMORY OF THE LIVING AND THE DEAD
IN ERINNERUNG AN DIE LEBENDEN UND DIE TOTEN
7 ESSAYS

SALON VERLAG & EDITION

D1619123

TRANSLATED INTO GERMAN:
JUSTUS MANDELLAUB + MATTHIAS FLÜGGE

REMNANT OF A I LECTURE

Yesterday it flew into my mind that whereas memory is always dependent on the welding of the past & the present, & defining the past from the present's point of view, imagination uses the present as a pivot but goes in the other direction, i.e. welds that which we do not yet know with the present. Maybe imagination is defining now from the future's point of view. With memory as indeed with perception it has always to do with the known or at least the witnessed; & with imagination it has to do with the unknown or the unwitnessed & welding that to the present. It has to do with the future. Imagination is always contextual as memory is — But a matter of changing the half — keeping the situation & changing the context. In a sense everything is potential imagination because it's always the context of the inside & the outside, & the outside is always

Somehow "known" & the inside always somehow "new" — although of course they don't really weld — but they co-exist & it's when the weld takes place that it produces something of imagination, something threatening or/and dangerous. But the thing is that artists, at least good ones use imagination to place themselves in certain areas which it would not occur to others to reach — probably it wouldn't even occur to them as being interesting. They do this because they are fishing for the future, because they think the present is shit. This, of course, makes artists automatically ridiculous. They're doing something about which people would say 'why should they bother' — (the good artists). This area always has to do with the marriage of heaven & hell, & pulling things together which shouldn't belong through the sheer power of imagination, that's how you create an area of operation — we're dealing with spiritual geography here — & it takes a degree of imagination to know this — & this knowledge is born out of the context of your own personal situation, the desperation of it, if you will, & your realisation that your only 'escape' is to be ridiculous i.e. operate in your own region in the context of the world — but by the last phrase I mean — that what you do is not private, but the individual made universal. I am waiting for Uncle Joop to cross my path, & you my dear gentle reader has decided that this is the moment. In fact you have all decided unanimously. The fact of course that Beuys used himself i.e. his own personal set-up to redefine what sculpture could be. And what's interesting here is that your imagination is nothing to do with intellegence. It's the realisation that there's something else. And that you could use yourself to contribute to that. So that this particular area of spiritual geography which you recognise as having been closer

for you is the area in which you operate
& let things happen for you — you set them up.
But where does imagination fit in here — it
fits in because it is the realisation of the
reality of the situation. This morning pondering
upon why some people are more imaginative
than others. And this has nothing obviously to
do with intellegence. More to do with self-
protection if anything. If you're kinda
desperate you're forced into the freedom
which engenders imagination. Of course it's
also a route of escape. I was going to go
on about escapism & how fantasy (as opposed
to imagination) was a form of escapism
a kind of holiday from reality. But maybe,
just maybe, finding a way out of your
desperation is also kinda escapism. So it
seems there are different levels of escapism.
Do you think "reality" is also a form
of escapism. [what the fuck's this got

to do with J. Beuys you ask, which is typical of you, droning on with irrelevant questions. And I would answer, I am writing "about" potentially everything, & Beuys' work is involved with potentially everything, So that's ok then isn't it. What isn't it?] [~~Beuys was a cheat. He did it 'too easy.' But that's the sign of a great artist — to do it too easy. To what extent can you be your "own Beuys" in that you can be your own Blake. Be your own tomato. People dress when they get up. The 1st artist to have a uniform in the sense of Beuys was E. Satie. Of whom poor old Beuysy Boy could only dream. Cage had his denims. And the Boy? Did he need a second skin/ To hold him in? To identify himself— like Uncle Erik? Of course Beuys touched the side. Both sides as he passed through life. He made touching the sides into his~~

~~main thing. Of course Erik & John did it~~
~~without the sides —~~ "no sides" they said. ~~Allen~~
~~G. was more of a sidey person, & actually~~
~~in his own way not unlike Beuys, only B.~~
~~was better cos he didn't need art.~~] What is
the need of an artist to make things, to
save their soul, & "And thus those of others."
Why the need, why bother to make these
holy artifacts which can impart and give a
buzz but ultimately are never quite enough?
Art is never quite enough. You know, twixt
you + me, it sets itself up to be more
than it is. Art is fraudulent, & thus B.
also, otherwise he wouldn't be good enuff.
I've said on the one hand imagination's like
a pivot between the known & the unknown
(Is it like a pivot or is it a pivot,
that is the question.) (we are also like a
pivot between what we do & what God

does which makes us a kind of imagination—
a hinge between the known (what God does) &
the unknown (what we do — we never know
what we do — but at least we have a
chance to have a go at what God does.
Actually, & funnily enough, it doesn't even
interest us to know what we do, cos we're so
busy trying to suss what God does, which
means that we basically overlook ourselves,
which is one of the main problems on this
planet. I suppose that my next sentence
should be that Beuys was one of the few
who was trying to stop us from overlooking
ourselves). (It is a pivot, acts as a pivot,
& it is also like a pivot.) & then I've
said that we can use it to figure
out the reality of our situation — i.e. what
we really have — what's truly ours, as
opposed to what we're meant to think
is ours. This which is truly ours is—

rates — as the unknown & it is the pivot
of the imagination which enables us to
recognise it. Take Beuys for example. He
recognised that it was his catholicism which
was truly his, something highly conservative;
Beuys's work is born out of a highly
conservative background. In a sense the
pictorialness of the Catholic Church. This is
what pull him & Warhol together. ~~He spent~~
~~his life creating religious~~ In the case of
Warhol it was the pictorial of the Catholic
church which took off, the image-making,
as opposed to the abstraction of the 50's of
Judaism, in which God can't be pictured
& His name not articulated. Beuys
spent his life creating religious relics,
whereby these relics are also those of
his acts, his life, like that left on the
side of the plate, the bones & gristle &
odd boiled spud left on the plate as

a sigh of what the person has eaten; these
are Beuys's sculptures, they are the I woz
here of his acts & life; Matthew Barney also
has something of this in his sculptural work —
they're not so much made — as happen. Beuys's
efforts are of course to do with self
protection, the fat & the felt, the personalised
usage of materials in a classical context —
the imagination working again as a recontextor.
The materials themselves of course are known
from daily life, but through B.'s appropriation
of them, the kind of personal repetory he
built up, a kind of stock vocabulary which
through him took on a kind of meaning-ness,
he abstracted them from their original sources,
& embued them with a kind of personalised
universal meaning. Just as ~~this plane~~
this plane could potentially be anybody's,
& just by having it spray-painted with
their emblem & colours they make it theirs—

(Air Berlin's) they appropriate the potentially
anybody's, so it is with artists & materials,
thus making the general very specific. (&
using their 'own' pilots, cabin crew etc.)
Artists are also using their own cabin crew
& pilots to fly what is potentially anybody's
plane (i.e. materials). I was wondering if
Beuys was making models of circuits of the
mind, trying to make something invisible
visible; Blake tried to map the human
psyche, coding it & putting it on the
outside. I was wondering how you could
make a model for circuits of the mind
with remnants. But ultimately, it's the only
way you _can_ do it — cos the remnants
are the outer sign for something internal
having happened. But these aren't so
much _models_ of the mind, more the
outer sign of something having gone on
up there. It is made concrete in Beuys,

not the thing itself, which will always remains invisible, out of our reach; we just get given what we're given, & there is no way we can work backwards from that, like an archeologist. They are independent of where they came from. Without 'insider information' it would be impossible to work out, a bit like the origins of this planet; & the insider information doesn't help "'understand'" the result, although it makes idiots feel smug about it - even superior. The thing is regarding his materials he uses plyable - i.e. raw materials like wax + stone which can be moulded (shaped), and objects which are objects complete with their source meaning which is somewhat erased by the new contextualisation. Beuys's imagination enabled him to take what was his regarding his materials, the reality of his situation, but of course to do this is also an idea, which is always a lie, because it's made up, an idea is always a lie, & this idea—lie combined with that which it's "about" (the reality of the situation) is what makes art. Beuys uses what makes art. Today I had the feeling of a 'Beuys Theme Park.' To be honest I was slightly taken aback by the artifact nature of Beuys's spin-offs. Which gives them a popularistic touch. I can only say that the only thing I got out of the "reality" of his work or at least the viewing of the reality thereof, was to say that the degree of figuration & abstraction there is kinda highly estimated, so where does that leave this stuff I wrote previously about the work having 'happened' (as opposed to having been made)? I mean, to what extent has the result of the work been controlled? To what degree is Beuys "realistic"—(this is an interesting one). I think the work is very realistic, as it tries to take everything with it. B. Is someone who "touched the sides" i.e. he didn't mind getting his ^hands dirty. What was on the river banks got drawn into the river. That's why recognisable elements also feature in the flotsom & jetsom. To what extent was the work 'arranged?' Of course I was a little shocked by the theme park element, I have to admit. And I don't rule Beuys out in this. ~~The main thing in Beuys is the difference between a materialist & a non-materialist, between the thought & the rubbish we trip over which is called his work. But Beuys's thought is not hard-core thought like M. Duchamp - hard-edged, it's wuzzie, it's German IDEA, not on idea, no - don't insult him, he was (+ is) fucking great but he was into Idea (no article). (Idea is always wuzzie.) To what extent was the material (the materials) he used~~

17

~~& this Idea one & the same?~~ Beuys's
work is something the soul recognises rather
than the brain or rationale. In this
respect it is expressive. Maybe he swapped
the position of the soul & the brain, the
soul is the material, the stuff, he put in the
place of the brain, made the hard thought
soft. Beuys is soft thought. Material is always
soft, & true thought hard; B. has kinda
swapped them. Duchamp didn't need material.
He did it without. Material (in the case
of physical material, paint, stone etc.) is
always romantic. If you don't have an
imagination you can't be realistic. (The
problem with politicians). Beuys was great
because in his hands materials turned to
thought. They took on the abstract '-ness'
of their materialness — their feltness, their
fatness. It would be as if fat were
thought — not imbued with thought, but

were thought in itself. Maybe for great fashion designers it's not that different. Maybe in that respect Beuys isn't that different from a great fashion designer. The fact that he was very conscious of what he was wearing — his hat was also thought. ~~The 1st artist to have a uniform in the sense of Beuys was E. Satie. Of whom poor old Beuys could only dream. Cage had his desires.~~ I'm writing this additionally to that which I've already written. Beuys is like everybody's past, kind of formulated personal past. Their backside of the brain. Beuys's work formulates everybody's hinterlife & puts it at the present.

It generalises the personal past & into an eternal present. The secrets of the personal past & its obscurities are revealed in his works. The obscure places of the personal past are revealed, the private places. The dark places are put out into light in Beuys's work.

That's why it appeals to the soul rather than to the mind. The cupboard-under-the-stairs of the soul. Of course the brilliance of Beuys is how he can put this material-material into a soul-material mode. To use a medium you have to "take it from behind" — otherwise it uses you. Or rather to reposition it vis-à-vis the perceiver. (Which is what "using" a medium is.) Beuys 'familiarised' the medium, took it down from its pedistal. In a sense he was diametrically opposite from Duchamp who put the ordinary onto a pedistal. Beuys rather pulled sculpture down into the dirt. Put the medium onto the level of the ordinary rather than keep its pedistal & raising the ordinary up. B.'s work is emotionally charged like Bach's & Beethoven's, (also Strindberg's) — through its audaciousness, through daring to engage with the whole sweep of humanity. In Strindberg (e.g. A Dream Play) you recognise things—i.e. that's the way things are, you say; is this true in Beuys? I think this is where it latches onto the business of the personal individual past being generalised & made universal; the Beuys autobiography being abstracted in his work. I.E. we recognise our pasts in his, the past being put into the eternal present, so it kind of triggers truth. It is through this recognition of self/ own experience when regarding B.'s work that he achieves the emotional imput. I was wondering if art with this recognisable 'Life-truth' contained is invariably Romantic in nature. I would say yes, & it's what makes B. a Romantic artist, a bit Literary, as Feldman would say.

March 08

LVßBN

I agreed to write something about Beethoven & B. Nauman at my own suggestion. Self, I said (addressing self): would you be turned on by addressing the topic of LV Beethoven & B Nauman? Yes, and delightfully so, did I respond, & the interesting thing about that is of course (& of course being the operative words) that the rhetoric of this, the unnecessity of this pseudo-conversation indeed I would say its very tautology is at the essence of the artistic endeavours of the 2 gents mentioned. In a sense they both used the razed-to-the-ground situation of art to build it up using the nothing which the razing had achieved. From the nothing they were able to make the nothing-building-bricks, the nothing-nuts-&-bolts, art on the something /nothing border. It was not so much they who had razed anything, more the fact that before both of them had come the abstraction of the classicists, & both used that abstraction to abstract themselves, their own person. In the case of Nauman his own body, in that of Beethoven his beliefs. That these were abstracted by their direct heritage, which was embodied in their thinking & it is exactly this personal element embodied in the abstract (general) soup & the degrees to which they are combined, the way they effect each other which makes both artists supremely great. Both grasped intensely the position in the development in artistic history in which they were at, & knew they had to add themselves. In both cases this was a startling thing to do, because the abstraction of the Ab. Ex.'s had been a creed, & the composers up to Beethoven's time were meant to be heard but not seen. The rhetorical nature of both of their bodies of work should be scrutinised. In a sense both have to do with stating the obvious, & their work has to do with the acumulating of obviousnesses. Punk was the most rhetorical of pop music, & Beethoven the most of classical. One would think this would be 'superfluous' to state the obvious, but the obvious is the only thing worth stating, for it's through the stating of it that it becomes profound, & how of course, it's stated. It's only the 'superfluous' things that go beyond, without getting bogged down by the surroundings. Like starting a sentence with "It is a well-known fact that..." There have been no 2 artists in the history of western art who've been so transparently concerned with the active act of making art, & having this as their main theme. And yet, you couldn't say (thank God) that their work's art about art, or l'art pour l'art. This it isn't. What's interesting is that it's still working while it's being regarded/heard. Indeed, some of Nauman's pieces need the viewer to activate the pieces, in the way that Vito Acconci's pieces of the 80's did. Or Dan Graham's. A bit like needing a driver for a car. The video tunnels, or the 4-sided video walk in which you can only capture a shot of yourself disappearing, are concerned with only being able to perceive ourselves at the periphery. His highly personal clostrophobic spaces are always generalised, through their absolute basicness. One person represents all. He works on a basic level which effects us all. There's nothing artsy or posed or positioned about Nauman. It wins out by its ambition. It's ambition & it's artistic material go hand in hand, as is true of LVB. In B's case his musical material is born out of his ambition. N's work is full of threat, putting the viewer at the risk of themselves. Beethoven's work is full of threat, disorienting the listener by a non-logical follow-on continuity. Earlier I said both are based on obviousnesses, so how does this now tally? In a sense both artists' obviousnesses are only obvious in retrospect; in B. it is the succession of the obviousnesses, their order, which is shocking; in N's case the fact that you're so brutally confronted with your intimate self in a public space. In both the realisation (in retrospect) of their obviousness makes them even more shocking. B's main concern was with tonality & everything he did was at the service of that. Even his ambition. Tonality was the most basic thing in music at that point in history, & B. geared everything

to that, including thematic development. Both
of these artists grasped their main chance historically
speaking. I suppose that's what makes a great
artist. Not being a victim of your times.

A P R I L   2009

G M (M F)

The thing about Glenn Miller is that he was an arranger of genius, taking existing material & melting it down & reforming it in his own mould. It's almost as if — not just almost — it is as if arrangement is composition. The original tunes are an excuse — basically anything can & is taken, nothing is sacred, even The Song of the Volga Boatmen & Verdi's Anvil Chorus are in there. The interesting thing is taking sound texture, an abstract substance, & applying it to the popular song genre to make it abstract. That's why only the purely instrumental numbers really work. He had a stockpot of his own sound textures from which no pre-existing songs could feel safe. The interesting thing is how he sculpts these textures. One could say it's a pretty good way of composing. He can take a song apart according to his own

sounds. He uses harmony, thick 'harmonic lines'.
As soon as the original vocal is featured the
piece falls flat. The sculptural element of how he
can reduce them to the barest punctuation
of sound textures & suddenly turn on the
taps to a scream of harmonic timbres with
next to no material can but remind of
Beethoven. How he can take a piece apart,
the nuts & bolts, & reassemble it in a
Beethovenian sense. The whole gestural
attitude to articulation, the 'scooping' in &
out of notes, gives the pieces a greater
momentary continuity, as found in Indian
music, but somehow disjointed. Counterpoint
is all-important here too, both horizontal
& linear counterpoint. And here counterpoint
is measured in instrumental timbres which
are either pitted against each other
simultaneously, or sequentially. One of his

stock timbre counterpoints is the smoochy saxophone quartet against the bee-sting of the muted trumpets. This always reminds me of Morton Feldman who wrote his counterpoint through timbre — his main thing. I'm convinced he got a lot from Glenn Miller. His counterpoint exists through timbre, this is all he has. It's true too of G. Miller. In a sense his harmonies (Feldman's) are also harmonic timbre, like many of the 'thick' saxophone lines found in G. Miller. I wanted to say that actually M. Feldman was an arranger of genius. His is the ultimate distillation of arrangement. the instruments themselves are the material, & the pitches/chords are used to dissolve their physical presence into abstract (& yet very concrete) sound per.se. G. M. was well on the way. His instrumental set-up was also a 'given' if you like; he fed those popular tunes into it to activate it. Because of this abstraction, this 'nothing-getting-in-the-way', both G. M. & M. F. have a direct passage to the psyche, a drug like effect. This must have had a kind of 'healthy' drug effect on the U.S. servicemen being sent off to bomb Germany for whom he (G.M.) played. His music, to some extent, won the war. 'He was a political musician' said Dieter Schnebel when I played him G. M. last night. It was a very nice evening.

C. Newman

21 - Jul - 09

C. Newman: Micha Ullman: A Quixotical Survey

One of the highlights of my rather unfortunate sojourn in Stuttgart, the capital of Baden-Württemberg, was being present & splattered by sand at Micha's public creation of his installation at the kunsthalle in Göppingen in 2002. Present & splattered by sand I say & these were the two things, the presense of the 'audience' of which I was a bit, & their being splattered by sand which enabled the piece to be created. The thereness & then the absence of the audience, of people, potentially of anyone, just so happens to be us, just a chunk of humanity. In the finished result of this piece humanity's past presence was represented by its now absence, a hole where it had been, a kind of invisible print, as in a footprint of its once cheery presence. Werner Meyer did a valiant job as a kind of literature D.J. to make it as if into a kind of performance, with Alf Setzer rushing round to ensure that the furthest-most corners of the floor-rectangle which was to host our ghosts had a sufficiency of sand to make it all worth while, to be enough sand to do the job, the job of being there to provide an imprint in itself, the imprint of where we once were, & between these two comedians was Micha himself, very serious as he should be as the high priest of sand throwing. The idea, as you may have gathered from my up-to-now somewhat fragmented & quixotic account, was to present imprints of humanity in a rectangle of sand. This was done (as it has to be) with the greatest of precision, so after having been showered by sand, we had to walk along planks of wood, gang planks, though not like pirates walking the plank, as they were leading to 'safety' away from the quicksand 'dangerous' area, back to 'normality', the 'normality' of Göppingen & then Stuttgart, so that we wouldn't leave too many imprints (i.e. our feet) and ruin everything. The edge of the rectangle was also taped up to give an afterwards nice clean edge. The fact that Alf (quite rightly, too) was there as a kind of 'guide' to Micha's sand-throwing activities denied the whole thing a performance-like quality, as it was obviously a production being made for the future, & performance is totally inhabiting the now-time or present as it can also be called. Micha was my neighbour along the corridor in the building erected on top of a hill in Stuttgart known as 'kunstakademie', which would mean I was also his. His door was at the end & mine was somewhere in the middle, though what that could mean I'll leave up to you. He was very calm & reassuring in spite of everything, & I was inspite of everything. He realised the need to be 'political' in this institutional sense, though 'political' in a general rather than party sense. I thought I could give myself, & tap into already existing energies to release them. He behaved more like a catalyst to let things happen, which was pretty wise given the circumstances. That I am talking about myself in the context of Micha is totally inevitable, as I found myself in this institution in the most compromised situation in my life. I started, as you may have noticed, by talking about Micha's ability to present the past in the form of a precise absence, representing 'shaped holes', holes in inanimate matter. Holes represent peoples' silence & inability to speak out, or to 'join up' their lives. You can't fight against a hole. Nobody can do anything about it. It is the ultimate in active passivity. In Micha's work a hole *is* something, it's not nothing. Just as in Velazquez's Infantas the nothing he paints behind them is a kind of something nothing — it even goes round corners. M.'s empty library viewed through a glass panel in the paving stones of Bebelplatz in Berlin is a two-fold hole — a hole in the ground containing a library void of books. These holes are also outer signs of memory, as I'm sure you'll agree. A memorial. In a sense, even the piece made in Göppingen in, as you'll remember, 2002, was a kind of memorial. A hole is contained nothingness. You can do nothing about it. Of course, you'll say, you can. You can fill it in. Like a filling in a tooth. But ultimately it's futile. Then it's just a filled-in hole, a wilful denial. A void sucks in everything it can & still remains a void. The filling in a tooth becomes a part of the hole. The subterranean piece on Bebelplatz, or rather under Bebelplatz, has an unreal quality like a dream. It lodges itself in your mind & there's nothing you can do about it. As with a dream, it's out of reach & it's always too late to respond. We can't come to terms with it. That's why it's enclosed under the ground. It's like it's a part of us but at the same time beyond us. The sand he uses in his sculpures, including that mentioned in the Kunsthalle Göppingen, presided over fearfully well by Mr. Werner Meyer, comes from a source near his home in Israel, which somehow invests the whole thing with an ancient air — somehow the sand 'feels' more ancient & historical than Western sand; it looks like sand that's been through a lot, has a tale to tell etc. etc. It comes from a hot country & is transported into a colder clime. But inspite of being

a story-teller, this sand has the non-figurative quality of the Middle-East, of the God which cannot be illustrated. And, true to this sand, Micha's work has a very non-figurative appearance —
This we, have to provide as viewers.
       you & me,

                    Love Chris
                    20-August $\frac{20}{09}$

OSWALD NEWMAN & OTHERS

The later work, dating it seems from the 90's — turns round on itself, as I suppose did my father's life, & is preoccupied with a personal past, a kind of ever-present past which is brought up-to-date through these paintings, & in no way shows any element of longing or nostalgia, — the paintings transcend that — even if the artist probably felt some. The past became his present in his work, it is his workshop. In a funny way he brought it up-to-date by antiquating it in a style of painting he developed in those later years. The paintings have something of Renaissance finds about them, as if his personal past were rooted in the 16Th century, freezing, through a treatment to the surface, his beloved (from the late 40's), his children (early 60's) for example. So there are 2 pasts at work here — a personal one & a historical one, thus any kind of autobiographical "danger" is averted, as it should be in art. And it is this historicisation of the personal past which makes the work modern, brings it 'up-to-date'. This is the knowingness of the artist, to know what is needed, consciously or subconsciously, or usually a bit of both, the one encouraging the other. There is also the case of the 'large' painting of the later period which is a kind of a remake of a little (& very beautiful) study from the early times, a dressed & nude model sitting at a diagonal to each other, as if the same person in 2 different states, a kind of self-confrontation of an anonymous person, a potential anybody. The large remake is a kind of remake of the early study, & sets it into a dramatic scene, stages it so-to-speak in a kind of fantasy studio situation, & thus it's as if the original study is like a person from the artist's past, he is grabbing it as he did his young children or young beloved. It becomes a part of his workshop of the past in his old age. The 3 paintings dating from the late 40's have none of this— theirs is a seemingly outward relationship to the outside world; but wait — the grey scene from a Dulwich Village street although embracing the facts of the environment, is also a highly staged circumstance, as a girl dashes after her dog which is about to attack a cat perched on top of a fence while an elderly lady totters off down the road seemingly oblivious. This is a "scene" played out on a grey street, & is not necessarily aimed at a kind of one-to-one reality. Whether it really happened or not is beside the point. It reminds you of Balthus— but without the Balthus. My father had in fact never seen even a reproduction of Balthus or even heard of his existence — (I talked about Balthus to him the year before he died). And it's not just because women & cats feature predominantly in the paintings of both, and the dogged belief in figurative painting— in my father's case he rubbished 'abstract' art, but also that he was developing a certain kind of bourgeois pictorial emblem, & rather than developing something by fragmenting it or deconstructing it, it was a way of picking up the painterly past, but now, which in a sense is a fantastical idea. It can in no way put you back in the world of the past, because you are employed in doing this now. Though my father did embrace Matisse's practice of putting the drawing outside the painting— in this respect he was more "modern" than he would like to have admitted. The other painter who should be mentioned here is André Derain, a kind of forerunner of the postmodern, But before I attempt to touch upon Derain, let me continue with Balthus & say that his work consisted of highly staged scenes, whereby the story had been removed, which gives them their latent power. My father offers 2 street scenes in his output, one from the early years just mentioned, & a late one, a staged memory, a catsmeatman attempting to sell his wears, but only the cats seem to be interested; indeed this fantasy scene based on memory does not seem to attempt a real portrayal of the situation, more a staged setting in an urban setting with a number of 'actors'. In this he is damn close to Balthus. The later painting has what it needs to be a reality as a painting, including one figure which is only vaguely sketched in, & does not cow-tow to so-called real reality, as Balthus never did. It is a fantasy based on memory of childhood Bermondsey streets, now distilled. The early street scene (representing a scene 20 years later than the later one) is a kind of heightened reality, reality which has been formulated. The reason to mention Derain here is that his best later paintings also embrace a kind of modern fantasy of historical painting, which is always going to be different from its model. In a sense, this assumed approach allows you some freedom to develop a style of painting within this. The main group of painters who adhered to figurative painting throughout the first half of the 20th century were the Surrealists. They needed to be able to twist familiar scenes into subversive meanings, in a sense to give them an internal reality within the reference of the outside world, to create the greatest image of reality at all; the best at this is René Magritte. But this kind of image-making — which it is — is something that my father's work is not concerned with — indeed, I don't feel it's concerned with image-making at all. It is rather painting to glorify painting, through adopting a known genre & making it his own. The strange thing is that the work looks in no way anachronistic, & has the timeless appearance of a found object.

C. Newman

27/may/09

C. NEWMAN: Why it's wrong to turn Cage's legacy
into the Romantic. (to Romanticise Cage.)

Cage's life's work was to objectivise music. To make
it factual in the best possible sense. He tried to free
it from his personality. He was a great Classicist.
Using a kind of 'hands-off' method to integrate
music with itself. He did not have a 'position',
although he was a star— a kind of non-Conformist
preacher— but he never tried to institutionalise what
he did, & did not have a holier-than-thou
attitude, although he was almost entitled to it. The
thing about Cage is that he tried to be inclusive,
to include in sound potentially everything. This is
highly apparent in 4'33". Also in the late number
pieces. If you're inclusive in your work you
have no need for a position. I was wondering
about the Romantic composers & Romanticism
in general, & how they were much more exclusive
in their attitude to the world, imposing themselves
upon it rather than letting it happen or even
finding ways for it to influence them. The

Romantic approach is to impose a view on the world, to twist it accordingly; the twentieth century has been brutally Romantic. Using the world to suit yourself. And it's to a blind adherence to this to which I refer when I mention the composers of Wandelweiser, a kind of church of musical composition, a sect. Although inversely I've been mentioning them from the beginning. I think they think in their smug way that they're 'listening to the world & responding.' They pretend they're including the world in a Cagian sense, & then impose upon it, block it out. They think (maybe I'm being presumptuous, but I fear not) they are letting sound sound for itself, when they're actually imposing upon it. For the subject of life

is life itself,   & we are the object.

Its object. We have to put ourselves in a position to let music write us. I'm afraid to say that my experience of listening to most of the composers of the aforementioned sect is that they have put themselves in the position of the subject. Reducing music to "their" object. I'm not trying to accuse them of not being like J.C. But having picked up his legacy they squashed it, flattened it to a very shallow surface. For this they chose the wrong material. The full material of the potentially everything. There's no real built-in distance in their work. This is because they are the subject of their compositional set, not music, not life. But ultimately they suffer, & it's the medium which kicks them (as it does if you don't "behave"). Theirs is something like a personal pose that's made into a musical act. As soon as you pose you're desperate to uphold your "position", defend it, etc. I think of them as lacking in generosity in their work. I myself am interested in (& a proponent of) uncluttered surfaces in music, so God knows, that's not what I'm holding against them. But I do think that it (their work) has something of a stingey self righteousness, & the reduction is born ultimately out of that. Which is more a cultural thought than an artistic one. Nor could their work really count as being conceptual, which I would imagine is what they're hoping for. Maybe their "main chance". Marcel Duchamp repositioned the viewer by changing what art was. Cage didn't really do this; he extended what could be seen as music — or rather seen-heard. Then we have the Wandelweiser who succeed in making the real artificial, cutting it out, so-to-speak, imposing on the free. Making cut-out forms imposed upon the everlasting. Cage reduced himself. They reduced the everlasting. The problem is (if you can bother about it) that they try to cash in on the everlasting. Art should be about making the artificial real.

April 2010

C. Newman: Conceptualism

The thing is that usually you conceive a thing & then realise it, or attempt to, according to your projected conception of it, even if a Plan B or even C finds itself getting involved, & that the original concept gets adapted by the reality of the situation, the realised thing leading you 'away' from that which instigated it. With conceptual art it is as if the opposite takes place — the 'thing' is first made — or found — & then retrospectively conceived. It is in an on-going situation of conception — but here it is not the maker who is 'conceiving', but rather the recipient, the viewer, the listener. The 'thing' is not there to be appreciated as a thing, a 'finished' object, but as something which does not really exist in its own right, & is only there to create a situation in the mind of the recipient. If this is not the case, it is not conceptual art. So making such pieces with their active catalysing ability is to achieve a kind of set-up rather than making something. one that puts the recipient in a different place, an active place, from traditional art. The recipient becomes a part of the piece, but as an individual, not as a flock of sheep. Conceptual art speaks to the individual rather than the masses, & makes him/her consider the nature of art & the whole nature of the position of art in life. Conceptual art is active & needs the recipient to 'complete' it. The substance of the work is not the outer sign, but is projected inwards, a being there with it in the exhibition space/concept space, and carrying away the situation of it in your mind, out into the street, into the pub, back home, where you will, the 'object' in its 'displacement' has done its work, & the work exists independently, without its initiator, X if this is not the case it's not conceptual art. Marcel Duchamp's wine-bottle rack is still a shock in any exhibition, so muscular & close to itself, girding its loins, and so pure, the most pure piece in sight, the least 'blighted' by material, infact, no material at all, Marcel Duchamp didn't need material in a material kind of way,

which makes him the greatest of conceptual artists.
I feel I have to add here (as I mentioned somewhere
else) that the Impressionists put the focus of the
work, implanted it, in the retina, saying, it's not
the subject matter, it's the 'how', the great conceptualists implanted the focus in the brain, saying —
here — you — you complete the piece, close the circuit.
Simply said, Duchamp's wine-bottle rack is saying,
if you take an object from everyday life & put
it in an exhibition, — no — not — could it also be
art — that he didn't mean, he didn't mean it so
narrowly, for he didn't see it as an object,
otherwise it would have been 'mere' Fluxus (before
its time) — he was talking of the recontextualisation,
for the wine-rack wasn't anything in itself, but it
stood for something, not so much represented, as
stood for. It stood for the active act of thought.
The wine-bottle rack is the muscle of thought.
(Taking finished objects, not making something,
maybe just adding a slight little thing, a slight of
hand which changes everything (Duchamp).) The

finished objects had their functions removed, stripped of their functions, naked, useless, what are they doing there? The bicycle wheel going nowhere, the bottle rack with no bottles, the snow-shovel with no snow, they became denuded, declothed, demeaninged, they could (in retrospect) have been anything, it just so happened they were what they were, but of course the genius of Duchamp was to choose things which were very precise in their potential everythingness. The hard-core non abstract nature of these objects, almost acidic, acidically French in their precision, the lack of Romanticism or wooly materials, dead sharp, only contours, like hard-edge drawings of themselves, but void of their source, cut off from the world, presented in a void of life, the life from which they came, gave them the great latent power which they have, indeed, all their power Is latent. They are a kind of 'hook' — bridge between museum objects & the objects of everyday life, — they are no longer objects of everyday life for the reason just stated (denuded etc., I'm not going

through all that again) but they are, not provide,
are a bridge between museum, exhibition space &
everyday life. And they as such are a shock in the
context of the museum, even although his bicycle wheel
would not be much use in everyday life any more.
Could you say — it's just the idea of a bicycle wheel,
of a wine-bottle rack, etc? No, I don't think so,
because as just mentioned, they are potential
anythings, very precise in this. The other thing that
should be mentioned is of course that these objects
of function taken from everyday life were initially
to be found in the outside world, & now, presented
in exhibition spaces were in an 'inside world'.
But contary to this initially they were for private
use for a specific person, & now had been
'generalised' in a public space. This generalisation
of the private hits the nail of art on the head.
All great art has this, the generalisation of the
specific, the private if you will, & D.'s pieces
say in a very elegant & succinct way really
what art is. They are like bridges between the
public & private, but moving simultaneously in

both directions. I said earlier that they are speaking to the individual, one person at a time, rather than a flock of sheep, & it is interesting that these things were mass-made, but for the individual. Duchamp turned that round. Again a two-way bridge linking origin & repositioning. I have not yet mentioned the pissoir which he signed 'R. Mutt'. What's interesting of course is that he appropriated finished items, & presented them as his own work. This is, among other things, that which puts the focus on the role of the artist & this is what conceptualism does — it is about the role of the artist. The role of the artist at all, not just towards making the specific piece your looking at, that is just a pretext, but of course a necessary one, because this is how this set-up of conceptualism works. In taking finished objects as potential artworks he is also saying it just so happened to be me who did this, but I am a potential anyone, & indeed he 'did away with himself' by signing his work 'R. Mutt', & taking on the female persona of Rrose Selavy. This is a much more elegant way of saying 'Everyone's an artist' than Beuys' clumsy but well-meaning edict. People say that in conceptual art the idea behind it is more important than 'the work itself'. This is rubbish, in that it is the idea infront of it which is all-important, & the visible part of it is all-important for creating the situation of this thought set-up, so the 'work itself' is the thought infront of it, what it emits, so to speak, thoughtwise, saying 'the role of the artist in the world' & puts the onus on the human rather than the fabricated. Marcel Duchamp succeeded in a very French way of being very unromantic, not trying to 'make something' out of found objects, like Tinguely but using them to change the position of the viewer. He took on the unromantic persona of an 18th century artist, an anonymous man. At least he played with this. We're no longer innocent. Conceptual art takes art away from art & makes the medium retrospectively irrelevant. Raymond Roussel took writing from behind. He was the beginning of the back path of the twentieth century, & a massive influence on Duchamp. He was diametrically opposite from the Romantic Joyce (or Beckett), the language wankers. R.R. created a new kind of meaning in literature, one born of language, not of 'reality'. That means that the 'reality'— or surface meaning is a kind of fabrication, totally artificial, a kind of artificial parallel to the 'real'. He creates images of 'the real' through games with language which 'cough up' a line of 'reality.' A kind of created reality, constructed. I was going to say cubist & bring in Cézanne here, but that would be wrong. For his (R.R.'s) work is basically linear, like a chain of events, one thing leading to the next in a logical but tentative way. So Roussel created a kind of artificial reality, very much people's interception with objects, the objects being more important, the people being a kind of appendage of the objects. So again here the role of the artist — as creator of reality, is put to the forefront, and, as in Duchamp, the actual material is in retrospect secondary to the act of making which seems to be happening before your eyes. Again as in Duchamp, the language is very clear & concise & everyday, diametrically opposed to Joyce, who tried to expand the language but was still basically descriptive & thus could never be conceptual. In Roussel it is as if a chunk of meaning is existing in its own right. Satie also used a concise & everyday language to create his great conceptual works. His music was written in a kind of popular idiom which had been intellectualised. In a kind of crystalised extended tonality which has no need for resolution. He wrote 'Vexations', a short piece for piano in the 1890's, that because of the prefaced instruction to be repeated 840 times, lasts for 24 hours. This also creates a kind of artificial reality, work which instead of being a funnel for escapism, brings us back to harshness of our own reality. Apart from inventing Minimalism (Vexations) he also came up with Muzak (musique d'ameublement) & neo-classicism (Sonate Bureaucratique). So he repositioned music vis-a-vis the listener, & made music not so much a thing to listen to but more something to be with, he concretised it, & this at a time of Late Romanticism & Expressionism when the general trend was one of psychological portraiture, exuding from the self. You could get caught up in the thought that, thinking of the role of the artist, the Romantics put that point to the fore, putting themselves at the centre of their work, Byron, Schumann, Berlioz, Liszt, creating the man-on-the-street cliché of the artist, but they set themselves up as the outsider, the special ones, whereas the great conceptualists did the opposite, they set themselves up as being the ordinary, the potential anyone, the work being the potential everything, not the special or extraordinary, not the freak. Just as you have to be with Satie's music rather than listening to it, the same goes for Duchamp — there's nothing to look at, you just have to be with it. It is not 'about' something, nor did Roussel write about something, nor did he have a theme. He moved through,— a passing through of the potentially everything. People (including me) have said about Beethoven that he was a great conceptualist,

60

at least in music, but I wouldn't say so, for he built finished pieces, pieces which are the idea of music — Beethoven wrote the idea of music, a fleshed-out model of what music is, he didn't use music or illustrate it, & that made him the greatest composer but not a conceptualist. Nauman, Bruce uses the very fabric of art to build his pieces, the nuts & bolts, the components of art just as Beethoven did. This makes them very similar. But much of Nauman B.'s work is concerned with positioning the viewer actively vis-à-vis him/herself, confronting him/her with him/herself, Nauman of course needing the viewer as the driver of his car; this is a kind of self-personalised conceptualism, somewhat 'simple' by comparison to the early French guys, & has a little even to do with Holywood horror &, heaven forbid, the influence of German Expressionism thereupon. But of course it is still a great form of conceptual work, with its "thought" aspect borne infront of it rather than behind it, but it being more existential than Duchamp or Roussel or Satie, who weren't in the least bit existential, in a funny way not concerned with life. The greatest conceptualists are the artists of all artists, at least in Western tradition, who came the closest to God, as their work goes beyond the object, in, in, in, the thought before the thought. Duchamp, the greatest, the closest to God, was an almost aggressive atheist. René Magritte of course set up a conceptual situation in 2 dimensions, & was the only person to do so, apart from another from that neck of the woods a few years prior, J. van Eyck. More of him later. Magritte painted flat images of meaning, by negating the obvious meaning & twisting it, a double twist. Painting a pipe & adding the caption 'this is not a pipe' is a double negation, for the image of the pipe also negates the caption. He used words, painted them as if they were visual images, & painted things as if they were words. The painting which represents day & night simultaneously on a single plain is making a solid state of time & indeed through his double negations he formed solid-state meaning-situations. He always took very daily bourgeois image-material for his works, just as did Roussel, Duchamp & Satie. They were artists who embraced the bourgeois, the "normal" for their civilisation. The painted words, as said, were also used as images, & in this he was the imagistic version of Duchamp, he imagised Duchamp, who was as unimagistic as you can get. That the role of the painter could be to produce these unpainterly plaques of solid-stated meaning which are still posing as paintings of course & are exhibited with other paintings as if nothing were up. Jan van Eyck came up a few minutes ago, the other great conceptual painter who set up a two-way situation between viewer & the subjects of his paintings, whereby the viewing situation is already embodied in the painting. I'm thinking of course of the mind-splitting so-called Arnolfini Marriage, where the characters in the painting (& dog) are being observed by (as we see from the reflection in the mirror behind them) &

mystery man. This mystery man is an embodied viewer, partly the artist & the viewer in the same position. Which means that the couple in the painting would be looking back at the viewer, which makes the whole painting an active two-way viewing set-up. This placing of the viewer inside the work is a subtler & less didactic version of B. Nauman's & Dan Graham's. I mean van Eyck's painting is interesting because it doesn't need the viewer to connect it or wire it up as B.N.'s & D.G.'s work does, but it is still conceptual in its direct positioning of the viewer. The other great conceptual artist of the Low Countries was Marcel Broodthaers. He generalised the sharp meaning-twists of Magritte to make words & meanings interchangeable. He did away with mediums of the conventional kind to an even greater extent than Duchamp, & set up something like a situation of meaning in his work. This — but equally well that — like an intellectualised version of prelogicalism. A formalised version of smashed structuralism. He was not concerned with images, as was his mentor R.M., & used ready-made versions of them in poster-like pieces included in the Jardin d'hiver, where they could be seen as a visualised word. He used natural objects (mussels, egg shells) & transformed them into highly artificial artifacts so that these artifacts — his overfilled pot of mussels — look almost bookish, like illustrations of themselves — & take on a kind of 2-dimensional feel. The words applied to these objects treat them as if they were a page in a book. His artifacts have been 'flattened' by being used as 'faux' images, the servants of the substance of meaning. He provides you with a kind of area, like a garden of the substance of meaning, which you can wander through, & as a viewer it joins up inside you. He certainly did more preparatory work than Duchamp, which ironically makes his work more fragile & more open for abuse; i.e. if not in a situation where it can be joined up, the garden, it can quickly look like bric-a-brac. I've written enough about him. Chris Burden had himself shot in the arm. That was it. Again, this is putting an everyday event onto a pedistal. In a sense also, it's a pseudo shot, a pseudo death, not the real thing, a faux reality, reality denuded of reality, like Marcel Duchamp's objects. Their functionalism taken away. And here the functionalism of the shot is also taken away, for no-one is trying to kill or even harm Chris Burden. It is the abstracted act, just as with Duchamp the objects have been abstracted i.e. defunctionalised. Again the latent power. The role of the artist as the recipient of that shot is also as a potential anybody & the specific nature, the potentially highly emotive nature becomes generalised. This is what makes great art. This is like a prototype for art, & thus conceptual, also with a new positioning of such an event into an exhibition space. Later on Burden was concerned with making works which couldn't work, like 'Fist of Light,' an apparatus which produced so much white light that it could turn black clothing to white, but the thing is that you could only ever take the artist's word for it, for because of the light & heat produced this could never be tested by a member of the public.

Infact, it was only possible to see the outside of
this apparatus, the ventilation shafts for example, the
outer sign of its workings. Just as we're never able
to see the inside of ourselves, our brains, & hearts —
at least only technological pictures thereof, & what
other people tell us, Burden created the outer sign
of a phenomenon which we can never experience one
to one. Although realised in reality, the extremity
of its nature — in other words it was realised too much—
made it impossible to experience & it became something
like the spirit of light, the ghost of light. After a
week or so the Whitney Museum had to 'turn it off'
because of enormous electricity costs. Of course stretching
public institutions through exhibiting something it's
impossible to see at huge running costs is a by-
product statement itself. We have to pay high costs
for the spirit. Comparing this great conceptual work
to the body situation made me wonder to what
extent is our relationship to our own body
conceptual. It _Is_ us & at the same time foreign
to us — we don't know what's going on with it.
We also feel estranged from it, in that it's

never a one-to-one relationship, always indirect.
It is indeed a part of the outside world, and much
of its outside surface we will never see. We have
something like an internalisation of our bodies in
our minds, which are the greater reality for us,
the 'inside' of our bodies being more abstract to us
than our mind & our emotions which can at the
same time affect our bodies. Infact we say 'we
don't feel very well', or 'we feel very well', this
is an internalisation of our bodies. The irony of
it is we are born & die because of our bodies
which are abstract to us. The point is that the
body is certainly very specific, & the mind certainly
generalises it, even the pain. It wraps it up with
the rest of the world. The body could be called
the action. The body is like the found object,
the 'everyday life' aspect of Duchamp's objects.
The common property. One could even call it
'manufactured' or 'mass produced' in the sense
that his ready-mades were. The body is a ready-
made. But it has a built-in mind. Having a
mind also hampers the body, handicaps it. The

body certainly loses its 100% virtuosity which all other fellow animals have. It provides us with 'distance to ourselves' which I would surmise animals don't have, or have much less of. But of course we have the ability to reflect, which costs us our physical virtuosity. So what I'm saying is our set-up, the human being body-mind set-up is a parallel to conceptual art, or, rather, the other way round, our 'objects' having been stripped of their original functions — to some extent— it's not a perfect analogy, but the virtuosic side of the body having been reduced drastically in return for the ability to reflect & have self-distance, our body becomes something like an appendage to the mind, in a similar way to the object or action of conceptual art becoming an appendage to the thought in front of it. This would mean that conceptual art is a model, & therefore a simplification, of the body-mind set-up. I was wondering if the conceptual has anything to do with conceiving something. If we conceive something, if we conceive a thought a thought is born out of something old being put into a new situation. This is what happens when we 'have a thought'. It is the recontextualisation of something already existing in the mind. I am not talking about reflection, which is an on-going situation, & basically what philosophers have. I mean a one-off occurrence. A thought. The now & the then interacting to create a transformation & thus something new. This is what happens in conceptual art. Just as Beethoven wasn't conceptual, nor was John Cage, as his work delivers itself in its completion, even a piece like 4'33" is a complete packet, needs no joining up; in a sense, God bless him, this is what makes Cage a 'blunt' composer as opposed to the 'sharp' composerliness of his beloved Satie. Beuys is the absolute contary to conceptual. He buried himself in material. His work is completely complete, has no latent power but achieves something like Marvell's green thought in a green shade. In a funny way, Beuys' work 'blocks out' the artist Beuys, the person, ironically, blots him out with its material.

2/oct/10

70

REST EINES VORTRAGS

Gestern kam mir in den Sinn, dass unser Gedächtnis bedingt ist von einer Verschmelzung des Vergangenen mit dem Gegenwärtigen - und davon, dass die Vergangenheit aus der Perspektive der Gegenwart definiert wird. Imagination hingegen, nimmt die Gegenwart zwar als Angelpunkt, strebt aber dabei in die entgegengesetzte Richtung; sie verschweißt die Gegenwart mit dem, was wir noch nicht kennen. Vielleicht ist Imagination überhaupt, die Gegenwart vom zukünftigen Standpunkt aus zu definieren. Gedächtnis und Wahrnehmung haben immer mit Bekanntem oder doch Bezeugtem zu tun; bei der Imagination geht es dagegen stets um ein Unbekanntes, Unbezeugtes, das mit der Gegenwart zu verschmelzen ist. Daher hat Imagination immer mit Zukunft zu tun. Wie Erinnerung ist zwar auch sie stets kontextbezogen, aber in ihrem Fall geht es auch um das Verwandeln der einen Hälfte, insofern die Situation zwar bleibt, der Kontext aber verändert wird. In gewissem Sinne ist potentiell alles Imagination, weil es immer den Kontext von Innerem und Äußerem gibt, wobei das Äußere stets gewissermaßen bekannt, beziehungsweise das Innere neu ist. Wenn auch keine wirkliche Verschweißung stattfindet, so koexistieren die beiden doch. Und es geschieht genau während eines solchen Verschweißungsvorgangs, dass aus Imagination etwas Bedrohliches und/oder Gefährliches entsteht. Aber es ist ja so, dass zumindest die guten unter den Künstlern sich der Imagination bedienen, um bis zu bestimmten Gegenden vorzudringen, in die vorzudringen anderen gar nicht einfallen würde, ja es würde ihnen vielleicht nicht einmal einfallen, dass solche Orte überhaupt von Interesse sein könnten. Künstlern dagegen fällt dies durchaus ein, es geht ihnen ja darum, ihre Angel nach der Zukunft auszuwerfen, da sie die Gegenwart Scheiße finden. Dadurch sind Künstler (die guten unter ihnen -) automatisch lächerlich. Sie machen etwas, und die Leute fragen: „Wozu das Ganze?" Denn es findet ja ständig eine Vermählung von Himmel und Hölle statt, wenn man, durch schiere Vorstellungskraft, Dinge miteinander kombiniert, die eigentlich nicht zusammengehören. So schaffst du dir ein Operationsfeld – wir sprechen hier über spirituelle Geographie – es bedarf der Imagination allein schon, um dessen gewahr zu sein – und diese Einsicht entstammt eigentlich dem Kontext deiner Situation, wenn du so willst, sie entstammt sogar deren Verzweiflung und deiner Erkenntnis, dass der einzige Ausweg aus ihr die eigene Lächerlichkeit ist, das heißt: Gehe in deiner eigenen Region innerhalb des Kontextes der Welt zu Werke. Damit meine ich, dass das, was du tust nicht privat, sondern das Individuelle ist, das zum Universellen gemacht wird. Ich warte nur darauf, dass Onkel Jupp jetzt um die Ecke kommt, und du, mein lieber behutsamer Leser, hast entschieden, dass er es gerade jetzt, in diesem Moment tut. In der Tat habt ihr alle, einstimmig so entschieden. Tatsache ist natürlich, dass Beuys sich selber, das heißt, seinen eigenen Aufbau genutzt hat, um neu zu bestimmen, was Skulptur sein könnte. Und das Interessante ist, dass unsere Vorstellungskraft nichts mit Intelligenz zu tun hat.

Sie ist schlicht die Einsicht, dass es noch etwas anderes gibt. Und dass wir uns selber einsetzen können, um zu diesem Anderen beizutragen. So ist die jeweilige Gegend innerhalb der spirituellen Geografie, die du als dir näher liegend ausgemacht hast, auch die Gegend, in der du operierst und wo die Dinge sich für dich zutragen – auf ihr baust du auf. Aber inwiefern gehört Imagination hier her? Sie gehört hier her, weil sie die Erkenntnis von der Wirklichkeit der Situation ist. Heute früh - darüber nachgegrübelt, weshalb manche Leute einfallsreicher sind als andere. Und dies hat ja wirklich offenkundig nichts mit Intelligenz zu tun. - Hat eigentlich mehr mit Selbstschutz zu tun, wenn überhaupt. Wenn du irgendwie verzweifelt bist, wirst du ja quasi auch in eine Freiheit hineingezwungen, was wiederum die Imagination hervorruft. Natürlich ist sie auch ein Fluchtweg - ich bin eigentlich schon dabei, den Eskapismus als solchen zu erörtern, beziehungsweise, inwiefern Phantasie im Gegensatz zu Imagination, Eskapismus sei, aber vielleicht ist selbst das Finden eines Auswegs aus der Verzweiflung nur eine Form von Eskapismus. Es gibt beim Eskapismus anscheinend unterschiedliche Graduationen. Glaubst du, die „Wirklich keit" ist auch eine Form von Eskapismus? (Was, zum Scheißen nochmal, hat das mit J. Beuys zu tun, fragst du? Und dieses ewige Gedröhn irrelevanter Fragen ist mal wieder typisch für dich. Und ich würde antworten, ich schreibe doch über potentiell alles in der Welt, und das Werk von Beuys befasst sich schließlich mit potentiell allem. Dann mag es wohl angehen, nicht wahr? Was ist nicht wahr? Welche Notwendigkeit besteht denn für einen Künstler, Dinge zu machen, seine Seele zu retten „und somit auch die anderer"? Warum ist das denn nötig? Warum sich mit dem Herstellen

all dieser heiligen Artefakte plagen, die sich meinetwegen einbringen oder auch Begeisterung entfachen können, die aber niemals wirklich genügen? Denn Kunst kann niemals wirklich genügen. Weißt du, unter uns gesagt, sie baut sich selbst auf, um mehr zu sein als sie ist. Kunst ist betrügerisch und somit B. auch, sonst wäre er nicht jut jenuch. Ich sagte, einerseits ist die Imagination wie ein Angelpunkt zwischen dem Bekannten und dem Unbekannten (ist sie nun - wie ein Angelpunkt oder ist sie – ein Angelpunkt? Das ist die Frage). Auch wir sind wie ein Angelpunktpunkt zwischen dem, was wir tun und dem, was Gott tut. Das wiederum macht uns selbst zu einer Art Imagination, zu einem Scharnier zwischen dem Bekannten - was Gott tut - und dem Unbekannten - was wir

tun. Wir wissen ja nie, was wir tun, aber wenigstens haben wir die Möglichkeit zu versuchen, rauszufinden was Gott tut. Übrigens interessiert es uns lustigerweise gar nicht, was wir tun, denn wir sind viel zu sehr damit beschäftigt, unter die Lupe zu nehmen was Gott tut. Das heißt, wir übersehen uns im Grunde ständig selber, was eines der Hauptprobleme auf diesem Planeten ist. Mein nächster Satz sollte wahrscheinlich lauten: Beuys ist einer der Wenigen gewesen, die versucht haben, uns davon abzubringen, dass wir fortwährend uns selber übersehen. (Sie ist ein Angelpunkt, sie verhält sich wie ein Angelpunkt, und sie ist auch wie ein Angelpunkt.) Und dann habe ich noch gesagt, dass wir den Angelpunkt dazu nutzen können, die Wirklichkeit unserer Situation herauszufinden, also rauszufinden, was wir wirklich haben, was wirklich unser ist, im Gegensatz zu dem, was wir für unser halten sollen. Was wirklich unser ist, gilt als das Unbekannte. Jener Angelpunkt der Imagination befähigt uns, es als unser zu erkennen. Nehmen wir zum Beispiel Beuys. Er hat erkannt, dass es sein Katholizismus war, der ihm wahrhaft angehörte, etwas in höchstem Maße Konservatives. Beuys´ Werk entspringt einem hochkonservativen Grund. In gewissem Sinne entspringt sein Werk der Bildhaftigkeit der katholischen Kirche. Das ist es auch, was ihn mit Warhol verbindet. Für Warhol war es ja das Bildhafte der katholischen Kirche, womit er wirklich durchgestartet ist, das Abbildmachen, im Gegensatz zur jüdisch geprägten Abstraktion der 50er Jahre. Du sollst dir kein Bild machen von deinem Gott und Seinen Namen nicht nennen. Beuys hat sein Leben lang religiöse Reliquien geschaffen, wobei es auch Reliquien seiner eigenen Handlungen, seines eigenen Lebens sind, wie etwas, das neben dem Teller liegengelassen wird, Knochen und Knorpel und die überzählige, gekochte Knolle als Zeichen davon, was die Person gegessen hat. Das sind Beuys´ Skulpturen. Sie sind das „ICH-WAR-HIER" seines Handelns und seines Lebens; Matthew Barney hat auch etwas davon, in seinem skulpturalen Werk – seine Skulpturen sind nicht eigentlich gemacht, viel eher passieren sie. Die Anstrengungen eines Beuys haben natürlich mit Selbstschutz zu tun, das Fett und der Filz, die personalisierte Verwendung von Materialien im klassischen Zusammenhang, wobei die Imagination immer wieder als Umfeld-Erneuerer fungiert. Die Materialien selbst sind natürlich bekannt aus dem Alltagsleben. Auf dem Wege der Aneignung und durch ihre Aufnahme in sein persönliches Repertoire, in sein Vokabular, verleiht B. ihnen eine personalisierte universale Bedeutendheit. Genau wie bei einem Flugzeug. Es könnte potentiell jedermanns Flugzeug sein. Nur durch den aufgesprühten Schriftzug mit ihrem Emblem und ihren Farben wird es zu einem Flugzeug von Air Berlin. Es ist also eine Aneignung von etwas, das potentiell jedem angehören könnte. Das Selbe tut auch der Künstler in Bezug auf sein Material, indem er etwas Allgemeines in etwas sehr Spezifisches wandelt (und dabei „eigene" Piloten und ebensolches Bordpersonal einsetzt). Künstler setzen auch eigenes Bordpersonal und ebensolche Piloten ein, um etwas zu steuern, was potentiell jedermanns Flugzeug sein könnte (d. h. jedermanns Material). Ich habe mich gefragt, ob Beuys Modelle von geistigen Kreisläufen gemacht hat, in dem Bestreben, Unsichtbares sichtbar werden zu lassen; Blake hat versucht, die menschliche Seele zu kartografieren indem er sie chiffrierte und nach außen stülpte. Ich fragte mich zuerst, wie man aus Relikten ein Modell für geistige Kreisläufe machen kann, aber letztlich ist es ja die einzige Art, die man hat, um ein solches Modell zu machen, denn Relikte sind äußere Zeichen davon, dass ein innerer Vorgang stattgefunden haben muss. Auch wenn diese nicht so sehr Modelle des Geistes sind, als vielmehr äußere Zeichen für etwas, das da oben vor sich gegangen ist. Konkretisiert hat es sich in Beuys, nicht in der Sache selber, die immer unsichtbar und unerreichbar bleiben wird. Wir bekommen nur, was uns gegeben wird, und von da aus können wir uns nicht wie ein Archäologe zurückarbeiten. Es ist auch unabhängig von seinem Herkunftsort. Ohne Insiderinformationen wäre es sowieso unmöglich, etwas darüber herauszufinden, ein bisschen so, wie über den Ursprung des Planeten Erde, und diese Insiderinformation ist dann noch nicht einmal hilfreich, um das Resultat zu „verstehen", obwohl es Idioten gibt, die sich was drauf einbilden, die sich darum sogar für etwas Höheres halten. Was die Materialien betrifft, die er nutzt, so handelt es sich um formbare Rohstoffe, wie Wachs und Stein, die also gestaltet werden können - und um Objekte, die mit einer Quellenbedeutung daherkommen, welche durch die neue Kontextualisierung gewissermaßen ausgelöscht ist. Seine Imagination befähigt Beuys dazu, sich, bezogen auf Materialien das zu nehmen, was ihm gehört, die Wirklichkeit seiner Situation. Aber natürlich ist solches Tun auch immer eine Idee, die ihrerseits immer eine Lüge ist, denn sie ist ausgedacht, eine Idee ist immer eine Lüge, und diese Idee-Lüge, kombiniert mit jenem, wovon sie handelt (die Wirklichkeit der Situation) ist das, was Kunst ausmacht. Beuys verwendet das, was Kunst macht. Heute hatte ich das Gefühl, einen Beuys-Themenpark zu durchwandern. Um ehrlich zu sein, ich war etwas bestürzt über die artefakthafte Beschaffenheit der beuysschen Ausgliederungen. Das gibt ihnen eine populistische Note. Ich kann nur sagen, dass das Einzige, was ich der „Wirklichkeit" seines Werkes oder zumindest, der Betrachtung von dessen Wirklichkeit abgewinnen konnte, war, dass der Grad der Figuration und Abstraktion darin irgendwie hoch geschätzt wird. Aber wo bringt uns das hin, in Bezug auf den Kram, den ich zuvor über das Werk als Gemachtes und das Werk als Geschehen gesagt habe? Ich meine, bis zu welchem Grad ist das Resultat des Werks kontrolliert? In welchem Ausmaß ist Beuys „realistisch" (- das wäre ja mal interessant). Ich denke das Werk ist sehr realistisch, da es versucht, alles mit sich zu nehmen. B. ist niemand, der davor zurückschreckte, sich die Hände schmutzig zu machen. Was an den Ufern lag, ward vom Flusse aufgesogen. Deshalb gibt es auch wiedererkennbare Elemente im Strandgut. Bis zu welchem Grad war das Werk „arrangiert? Natürlich hat mich dieser Themenpark-Anteil daran ein wenig schockiert, das muss ich zugeben. Und ich nehme Beuys nicht davon aus. Beuys´ Werk ist nicht so sehr mit dem Verstand, mit der Ratio erfassbar, als mit der Seele erkennbar. In dieser Hinsicht ist es expressiv. Vielleicht hat er die Positionen von Seele und Gehirn miteinander vertauscht. Die Seele ist das Material. Das Zeug, das er an die Stelle des Hirns setzt, macht den harten Gedanken weich. Beuys ist weicher Gedanke. Material ist immer weich und wirklicher Gedanke hart; B. hat sie irgendwie vertauscht. Duchamp brauchte kein Material. Er schaffte es ohne. Material (im Falle des physischen Materials, Farbe, Stein etc.) ist immer romantisch. Wenn du keine Imagination hast, kannst du nicht realistisch sein (das ist das Problem bei den Politikern). Beuys war großartig weil sich in seinen Händen Materialien in Gedanken wandelten. Sie nahmen die Abstraktheit ihrer Materialität, ihrer Filzheit, ihrer Fettheit an. Das wäre, als wenn Fett Gedanke wäre, nicht erfüllt von Gedanken, sondern Gedanke an sich. Vielleicht ist das bei großen Modeschöpfern ganz ähnlich. Vielleicht unterscheidet sich Beuys in dieser Hinsicht nicht allzu sehr von einem großen Modeschöpfer. Tatsache ist schließlich, dass er sich sehr bewusst kleidete, auch sein Hut war Gedanke. Ich schreibe dies zusätzlich zu dem, was ich schon geschrieben habe. Beuys ist wie die Vergangenheit Aller, eine Art formulierte persönliche Vergangenheit. Der Hintern ihres Gehirns. Beuys´ Werk formuliert die Hintergrundgeschichte Aller und überträgt sie auf die Gegenwart. Es verallgemeinert die persönliche Vergangenheit zur ewigen Gegenwart. Die Geheimnisse der persönlichen Vergangenheit und ihre Unklarheiten werden in seinen Werken offengelegt. Die dunklen Orte der persönlichen Vergangenheit offenbaren sich, die privaten Orte. Orte der Finsternis werden ans

Licht gebracht in Beuys´ Werk. Darum spricht es eher die Seele als den Verstand an. Den Schrank unter der Treppe der Seele. Das Brilliante an ihm ist natürlich, wie er dieses materielle Material in ein Seelenmaterial ummodelt. Um ein Medium zu benutzen, musst du es von hinten nehmen, sonst benutzt es dich. Oder besser, du musst es gegenüber dem Rezipienten umpositionieren (was nichts anderes ist, als ein Medium nutzen). Beuys familiarisierte das Medium, nahm es von seinem Podest herunter. In gewissem Sinne war er Duchamp diametral entgegengesetzt, der das Ge-

wöhnliche auf ein Podest hob. Beuys zog vielmehr Skulptur herunter in den Schmutz. Lieber das Medium zum Gewöhnlichen herabstufen, als das Gewöhnliche aufwerten. B.´s Werk ist emotional aufgeladen, wie Bachs und Beethovens Werk (ebenso das von Strindberg) – durch seine Kühnheit, durch sein Wagnis, sich auf alles Menschliche einzulassen. Bei Strindberg erkennst du (beispielsweise in „Ein Traumspiel) Dinge wieder – das heißt, du sagst dir einfach: „So sind die Dinge"; trifft das auch auf Beuys zu? Ich glaube, hier kommt das Thema der individuellen Vergangenheit ins Spiel, die generalisiert und universal gemacht wird; die Beuys-Autobiographie die er in seinem Werk abstrahiert. Sprich, wir erkennen unsere Vergangenheit in seiner wieder; eine in die ewige Gegenwart gesetzte Vergangenheit, so dass dies sozusagen die Wahrheit auslöst. Es ist dieses Wiedererkennen der eigenen/selbst – Erfahrung beim Betrachten von Beuys´ Werk, mit dessen Hilfe er den seelischen Eintrag erreicht. Ich habe mich gefragt ob Kunst die solch wiedererkennbare „Lebens-Wahrheit" enthält, unbedingt von Natur aus romantisch ist. Ich würde sagen, ja, und das ist es, was Beuys zu einem Romantischen Künstler macht, ein bisschen literarisch, wie Feldman sagen würde.

März 2008
(ins Deutsche übertragen von Justus Mandellaub)

LVBBN

Ich erkläre mich einverstanden mit meinem eigenen Vorschlag, etwas über Beethoven und B. Nauman zu schreiben. Selbst, so habe ich zu mir selbst gesagt, hättest du vielleicht Bock, das Thema Beethoven und Nauman zu deinem Gegenstand zu machen? Meine Antwort lautete: „Ja, und zwar mit Freuden". Interessant daran ist freilich (und zwar mit Betonung auf freilich), dass dieselbe Rhetorik, die der Unnötigkeit eines solchen Pseudogesprächs innewohnt, ich würde geradezu sagen - dessen Tautologie - als Grundlage der künstlerischen Bestrebungen beider erwähnter Herren gelten darf. In gewissem Sinne verwendeten sie beide eine bis-zu-den-Grundmauern-abgetragene Situation von Kunst, um sie von hier aus mit Hilfe jenes Nichts´ aufzubauen, das durch das Abtragen erreicht wurde. Aus dem Nichts waren sie in der Lage, ihre Nichts-Bausteine zum Vortrag zu bringen, die Nichts-Schrauben und Nägel, Kunst auf der Etwas/Nichts Grenze. Es waren weniger sie selber, die irgendwo etwas abgetragen hätten, als vielmehr die Tatsache, dass sie zuvor beide zur Abstraktion der Klassizisten gelangten, diese Abstraktion auf sich selbst anwendeten, auf ihre eigene Person. Im Falle Naumans, auf seinen eigenen Körper, im Falle Beethovens, auf seine Überzeugungen, so dass diese von ihrem direkten Erbe abstrahiert wurden, welches ihr Denken verkörpert. Es ist nun genau dieses persönliche Element, gestaltgeworden in der abstrakten (allgemeinen) Suppe und in den Graden, bis zu welchen sie miteinander kombiniert sind, die Art, wie sie einander beeinflussen, was diese beiden Künstler so überragend groß macht. Beide waren sich durchaus deutlich bewusst, an welcher Stelle der kunstgeschichtlichen Entwicklung sie sich befanden, gleichermaßen wussten sie, dass sie sich selber hinzuzufügen hatten. In beider Fall war eine solche Handlungsweise erstaunlich, weil zu Zeiten Naumans die Abstraktion der Abstrakten Expressionisten das Credo war, bzw. weil bis zu den Zeiten Beethovens die Komponisten hörbar aber nicht sichtbar zu sein hatten. Betrachten wir die rhetorische Natur der Werkkörper beider Künstler: In gewissem Sinne behaupten beide das Selbstverständ- liche, und ihr Werk hat mit dem Ansammeln von Selbstverständlichem zu tun. Punk war die am meisten rhetorische Richtung innerhalb der Popmusik, und Beethoven war das Rethorischste, das es innerhalb klassischer Musikrichtungen gibt. Man möchte meinen, dass es überflüssig wäre, das Selbstverständliche zu behaupten, aber das Selbstverständliche ist das Einzige, dass zu behaupten sich lohnt, da das Selbstverständliche durch seine Behauptung Tiefe gewinnt und natürlich auch durch die Art, wie es behauptet wird. Nur Überflüssiges ist in der Lage, Grenzen zu überschreiten, ohne sich dabei von Randbedingungen ins Stocken bringen zu lassen. Wie einen Satz zu beginnen mit den Worten: „Es ist eine allgemein bekannte Tatsache, dass…"- Es gab keine zwei Künstler in der Geschichte abendländischer Kunst, die so offensichtlich mit dem Akt der Herstellung von Kunst befasst waren und ihn so sehr zu ihrem Thema gemacht haben. Und doch kann man (Gott sei Dank) nicht sagen, dass

ihr Werk Kunst über Kunst oder l´art pour l´art sei. Das ist es nicht. Aber interessant ist, dass es weiterarbeitet, während es betrachtet/gehört wird. Tatsächlich brauchen einige von Naumans Stücken den Betrachter, um in einen aktivierten Zustand überzugehen, ganz so, wie die Stücke der 80er Jahre von Vito Acconci. Oder die von Dan Graham. Es verhält sich mit ihnen ein bisschen so wie mit einen Auto, das für seine ihm zugedachte Bewegungsform einen Fahrer benötigt. Die Video- Tunnel oder vierseitigen Videowandelgänge, in denen nur eine Aufnahme von einem selber während man verschwindet wahrzunehmen ist, befassen sich damit, dass wir uns selber nur in der Peripherie wahrnehmen. Seine in hohem Maße persönlichen, klaustrophobischen Räume sind stets verallgemeinert, auf dem Wege ihrer absoluten Grundsätzlichkeit. Eine Person repräsentiert alle. Er arbeitet auf einer grundsätzlichen Ebene, die uns alle betrifft. Es gibt an Nauman nichts Kunstbeflissenes, Gestelltes, Aufgesetztes. Es setzt sich mit Hilfe seines Ehrgeizes durch. Sein Ehrgeiz und sein künstlerisches Material gehen Hand in Hand, wie auch bei L.v.B. In B`s Fall ist sein musikalisches Material geboren aus seinem Ehrgeiz. N`s Werk ist voller Bedrohung indem es den Betrachter seinem eigenem Risiko aussetzt. Bs Werk ist voller Bedrohung, indem es den Hörer durch nicht-logische Abfolgekontinuität verwirrt. Beider Werk basiert wie gesagt auf Offensichtlichkeit, wo also befinden sich die Übereinstimmungen? Die Offensichtlichkeiten beider Künstler sind auf eine Weise erst rückblickend offensichtlich. Bei B. ist das Schockierende die Abfolge des Selbstverständlichen, die Anordnung; bei N. die Tatsache, dass du so brutal mit deinem vertraulichen Selbst in der Öffentlichkeit konfrontiert wirst. Bei beiden ist es die (rückblickende) Erkenntnis dieser Selbstverständlichkeit, die das Ganze noch schockierender macht. Bs Hauptsorge galt der Tonalität, und alles was er tat, hatte ihr zu dienen. Selbst sein Ehrgeiz. Tonalität war zu jenem historischen Zeitpunkt das Grundsätzlichste in der Musik, und B. richtete alles darauf aus, auch die thematische Entwicklung. Beide Künstler ergriffen, historisch gesprochen, ihre Chance. Ich nehme an, das ist es, was einen großen Künstler ausmacht. Dass er nicht Opfer seiner Zeit ist.

April 2009
(ins Deutsche übertragen von Justus Mandellaub)

GM (MF)

Die Sache mit Glenn Miller ist, dass er ein Arrangeur von Genie war, der sich vorhandenen Materials bediente und es zum Schmelzen brachte, um es in eigene Formen zu gießen. Fast – nein, ganz so, als wenn Arrangement und Komposition ein und dasselbe wären. Die zugrundeliegenden Melodien sind nur Vorwand – eigentlich kann alles herhalten und wird alles genutzt, nichts ist heilig, sogar das Lied der Wolgaschiffer und Verdis Zigeuner- chor stecken da drin. Das Interessante daran ist, ein Klanggewebe, eine abstrakte Substanz also, auf das populäre Lied anzuwenden, um dieses abstrakt zu machen. Das ist auch der Grund, warum nur seine reinen Instrumentalnummern wirklich funktionieren. Er hatte ein Füllhorn unterschiedlicher Klanggewebearten, vor denen sich kein vorhandenes Lied sicher fühlen konnte. Von Interesse dabei ist also, wie bildhauerisch der Ansatz ist, mit dem er diese Texturen formt. Man könnte sagen - eine ziemlich gute Art zu komponieren.

Er kann einen Song seinen eigenen Klän- gen entsprechend auseinandernehmen. Er verwendet Harmonie, fette Harmonie- linien. Sobald der Originalgesang ins Spiel kommt, verpufft das Stück. Das bildhauerische Element, das daran zu er- kennen ist, wie er die Komposition zur bloßen Interpunktion von Klangtexturen reduzieren kann, um sodann unvermittelt alle Hähne zu einem Schrei von Farbhar- monien aufzudrehen, fast gänzlich ohne Material – das kann einen nur an Beet- hoven erinnern. Wie er ein Stück bis auf seine praktischen Grundlagen zurückfüh- ren, auseinandernehmen und im beetho- venschen Sinne wieder zusammensetzen kann. Die gesamte gestische Haltung und Gliederung, das hinein- und hinaus-

Schlenzen von Tönen, gibt den Stücken eine größere momentane Kontinuität, wie bei in- discher Musik, aber irgendwie zerrissen. Auch der Kontrapunkt ist hier ganz wichtig, so- wohl horizontaler als auch linearer Kontrapunkt. Und hier wird Kontrapunkt in Klangfarben gemessen, die einander entweder gleichzeitig oder der Reihe nach anfressen. Ein Stan- dard-Klangfarben-Kontrapunkt von ihm ist, das verschmuste Saxophon-Quartett gegen den Bienenstachel der gedämpften Trompete zu setzen. Das erinnert mich immer an Mor- ton Feldman, dessen Kontrapunkte auch in Klangfarben geschrieben waren – sein Haupt- interesse. Ich bin überzeugt, dass er eine Menge von Glenn Miller gelernt hat. Sein Kontrapunkt besteht aus Klangfarbe, dies macht ihn aus. Das läßt sich auch über Glenn Miller sagen. In gewissem Sinne sind seine (Feldmanns) Harmonien auch harmonische Klangfarben, wie die „fetten" Saxophonlinien, die sich bei G. Miller finden. Ich wollte sagen, dass eigentlich Morton Feldman ein Arrangeur von Genie war. Seine ist die feinste Destillation von Arrangement; die Instrumente selber sind das Material, und die Tonlagen/Akkorde sind dazu da, deren physische Präsenz ins Abstrakte (und doch sehr Konkrete) zu überführen. Glenn Miller war gut unterwegs. Sein musikalischer Aufbau war auch „gegeben", wenn du so willst. Er fütterte diese populären Melodien da hinein, um ihn zu aktivieren. Auf Grund dieser Abstraktion und Umweglosigkeit haben sowohl Glenn Miller als auch Morton Feldman einen direkten Zugang zur Psyche, einen drogenartigen Effekt. Es muss dies ein recht gesunder Drogeneffekt gewesen sein, den Glenn Millers Spiel auf die U.S. Soldaten hatte, für die er (G.M.) spielte und die losgeschickt wurden, um Deutschland zu bombardieren. Seine Musik hat gewissermaßen den Krieg gewonnen. „Er war ein politischer Musiker", sagte Dieter Schnebel als ich ihm gesternabend G.M. vorspielte. Es war ein sehr schöner Abend.

21. Juli 2009
(ins Deutsche übertragen von Justus Mandellaub)

MICHA ULLMAN: EINE RITTERLICHE PRÜFUNG

Einer der Höhepunkte meines ansonsten eher unglücklichen Aufenthalts in Stuttgart, der Landeshauptstadt Baden-Württembergs, war meine Teilnahme an der öffentlichen Entstehung von Michas Installation in der Kunsthalle in Göppingen, wo ich mit Sand beworfen wurde. Die Anwesenheit des „Publikums", von dem ich nur ein kleiner Teil war, und das mit Sand-Beworfen-Werden waren die beiden entscheidenden Voraussetzungen dieses Werks. In unserem Dasein und auch in der anschließenden Abwesenheit waren wir nur ein Teil der Menschheit. Im Resultat des Werkes wurde die vergangene Präsenz der Menschheit durch ihre aktuelle Abwesenheit dargestellt. Ein Loch blieb, wo sie gewesen war, eine Art unsichtbarer Fußabdruck ihrer einst fröhlichen Anwesenheit.

Werner Meyer machte einen beherzten Job als eine Art Literatur DJ, um es als Performance erscheinen zu lassen. Mit Alf Setzer eilte er umher, um sicherzustellen, dass auch in den entferntesten Ecken des rechteckigen Bodens, der unsere Geister beherbergen sollte, genügend Sand war, um die Arbeit zu erledigen – also den Auftrag zu erfüllen, einen Abdruck davon zu hinterlassen, wo wir einst waren. Zwischen diesen zwei Komödianten war Micha sehr ernst, als wäre er der Hohepriester des Sandwerfens. Die Idee, wie Sie meiner bis jetzt fragmentarischen und schwärmerischen Beschreibung wahrscheinlich entnehmen können, war es, die Abdrücke der Menschheit in einem Rechteck aus Sand festzuhalten. Das nun wurde mit der höchsten Präzision ausgeführt, ganz wie es sein musste und auch notwendig war, so dass wir nach der Sanddusche über Holzbretter laufen mussten. Über Laufplanken liefen wir, allerdings nicht wie Piraten, da die Planken uns in „Sicherheit" führten, heraus aus dem „gefährlichen" Bereich des Treibsandes, zurück in die „Normalität", die „Normalität" von Göppingen und dann die von Stuttgart. Eine Laufplanke, damit wir nicht zu viele Abdrücke (z. B. Fü.e) hinterlassen und alles ruinieren würden. Auch wurden die Ränder des Rechtecks abgeklebt, um danach eine saubere Abschlusskante zu haben. Die Tatsache, dass Alf (und zwar zu Recht) als eine Art „Koordinator" für Michas Sandwerf- Aktion dabei war, sprach dem Ganzen eine Performance-Qualität ab. Offensichtlich war es eine Produktion für die Zukunft, während die Performance absolut vom Jetzt oder der Gegenwart, wie das auch genannt wird, durchdrungen ist.

Micha war mein Nachbar auf dem Flur in dem Gebäude, das man oben auf dem Hügel in Stuttgart gebaut hatte, bekannt auch als „Kunstakademie" – und das bedeutet auch, ich war seiner. Seine Tür war am Ende und meine irgendwo in der Mitte, was das bedeuten könnte, überlasse ich Ihnen. Er war sehr ruhig und beruhigend trotz allem, und ich trotzte allem. Ihm war die Notwendigkeit, „politisch" zu sein, in einem institutionellen Sinne bewusst. (Wobei „politisch" in einem eher allgemei≠nen Sinn als einem parteilichen Sinn zu verstehen ist.) Ich dachte, ich könnte mich selbst geben und bereits existierende Energien anzapfen, um sie freizusetzen. Er benahm sich eher wie ein Katalysator, der die Dinge geschehen lässt, was den Umständen entsprechend recht weise war. Dass ich über mich selbst spreche im Zusammenhang mit Micha, ist absolut unvermeidbar, da ich mich in dieser Institution in der kompromittierendsten Situation meines Lebens befand. Ich begann, wie Sie bemerkt haben werden, mit ein paar Sätzen über Michas Fähigkeit, die Vergangenheit in Form einer präzisen Abwesenheit zu darzustellen; „geformte Löcher" zu zeigen, Löcher in leblosem Zustand. Löcher repräsentieren das Schweigen der Menschen und ihre Unfähigkeit, sich zu äußern oder ihr Leben einzusetzen. Gegen ein Loch kann man nicht kämpfen. Niemand kann etwas dagegen machen. Das ist die ultimativ aktive

Passivität. In Michas Arbeit ist ein Loch etwas, es ist nicht das Nichts. Ein Nichts wie das Nichts, das Velazquez' hinter den „Meninas" gemalt hat, diese Art von Nichts, das sogar um Ecken geht.

Michas leere Bibliothek, gesehen durch eine Glasplatte in den Pflastersteinen des Bebelplatzes in Berlin, ist ein zweifaches Loch: Ein Loch im Boden, das eine von Büchern entleerte Bibliothek enthält. Diese Löcher sind zugleich äußere Zeichen von Erinnerung, eine Gedenkstätte. In gewisser Hinsicht ist auch das Werk in Göppingen 2002 eine Art Gedenkstätte.

Ein Loch enthält Nichts. Man kann nichts dagegen tun. Sicher werden Sie sagen, man kann. Man kann es füllen. Wie eine Füllung im Zahn. Aber es ist sinnlos. Denn es bleibt nur ein gefülltes Loch, eine Verleugnung. Leere saugt alles auf, was sie kann, und dennoch bleibt sie Leere. Die Füllung in einem Zahn wird zum Teil des Lochs.

Das unterirdische Werk am Bebelplatz oder eher unter dem Bebelplatz hat die unreale Qualität eines Traums. Es verankert sich im Kopf, und es gibt nichts, was man dagegen tun kann. Wie in einem Traum, es ist nicht zu erreichen und es ist immer zu spät zu antworten. Wir können keinen Frieden finden. Deswegen ist es im Boden eingeschlossen. Es ist, als wäre es ein Teil von uns und doch zugleich jenseits von uns. Der Sand, den Micha für seine Skulpturen benutzt, stammt aus der Nähe seiner Heimat in Israel, was die ganze Sache irgendwie mit einer antiken Atmosphäre umgibt. Irgendwie fühlt sich dieser Sand altertümlicher und historischer an als westlicher Sand; er sieht aus wie Sand, der durch vieles hindurchgegangen ist, der eine Geschichte zu erzählen hat etc. Er kommt aus einem heißen Land und wird in ein kälteres Klima transportiert. Auch wenn er Geschichten erzählt, hat dieser Sand vor allem die nicht-figurative Qualität des Nahen Ostens, des Gottes, der sich nicht darstellen lässt. Und, dank dieses Sandes ist Michas Arbeit von sehr nicht-figurativer Erscheinung.

Die müssen wir, Sie und ich, als Betrachter selbst mitbringen.

OSWALD NEWMAN UND ANDERE

Das Spätwerk meines Vaters, das wahrscheinlich in den Neunzigern entstand, blickt auf sich selbst zurück, und ich nehme an, dies galt auch für das Leben meines Vaters. Es beschäftigt sich mit persönlicher Vergangenheit, einer Art immerwährender Vergangenheit, aktualisiert in Gemälden, die dabei keineswegs Elemente von Sehnsucht oder Nostalgie aufweisen. Die Gemälde weisen über solches hinaus - selbst wenn der Künstler so empfunden haben mag. Die Vergangenheit wird Gegenwart in seinem Werk, sie ist seine Werkstatt. Auf merkwürdige Weise aktualisierte er sie, indem er in seinen späten Jahren einen antikisierenden Malstil entwickelte. Diese Gemälde haben etwas von Funden aus der Renaissance an sich, so als wurzele seine persönliche Vergangenheit im sechzehnten Jahrhundert und als sei auf ihrer Oberfläche all das eingefroren, was er von den 40er Jahren an geliebt hat, in den Sechzigern seine Kinder, zum Beispiel. Es gibt also 2 Vergangenheiten in seinen Bildern, eine persönliche und eine historische. Somit ist jede Art von autobiographischer Gefahr gebannt, wie dies innerhalb der Kunst immer der Fall sein sollte. Und es ist diese Historisierung der persönlichen Vergangenheit, die das Werk modern macht, also „aktualisiert". Die Kenntnis über solche Notwendigkeiten, gehört zur künstlerischen Grundausstattung, ob sie nun bewusst, unbewusst oder - wie meistens – ein bisschen von Beidem ist, wobei eines das andere bedingt. Es gibt auch „das große Gemälde" seines Spätwerks, das eine Art Remake einer kleinen und sehr schönen Studie aus dem Frühwerk ist, ein bekleidetes und ein nacktes Model, einander schräg gegenübersitzend, als wären sie dieselbe Person in unterschiedlichen Stadien, eine Art Selbstgegenüberstellung einer namenlosen Person, eines möglichen Jedermann. Das große Remake versetzt die Situation der früheren Studie in eine dramatische Szene, inszeniert sie sozusagen in einer vorgestellten Ateliersituation, so dass die Originalstudie wie eine Person erscheint, die der Vergangenheit des Künstlers entspringt. Er bereitet sie auf, wie er es bei seinen kleinen Kindern oder seinen jungen Lieben tut. Im Alter wird sie teil seiner Werkstatt der Vergangenheit. Die drei Gemälde aus den 40ern scheinen nichts davon an sich zu haben. Ihre Beziehung zur Außenwelt ist scheinbar auch eine nach außen gewandte Beziehung; doch halt – die graue Straßenszene von Dulwich Village, auch wenn sie die Gegebenheiten der Außenwelt erfasst, ist andererseits in höchstem Maße inszeniert, wie da ein Mädchen ihrem Hund hinterherjagt, der gerade eine Katze angreifen will, die sich ihrerseits auf einen Zaun niedergelassen hat, während eine ältere Dame die Straße entlangtrottet und von allem nichts mitzubekommen scheint. Dies ist eine „Szene", die sich auf einer grauen Straße abspielt und nicht unbedingt auf Eins-zu-eins-Wiedergabe abzielt. Ob es wirklich passiert ist oder nicht, ist unwichtig. Man denkt an Balthus – nur ohne den Balthus. Tatsächlich hat mein Vater nie auch nur eine Abbildung eines Balthus gesehen oder jemals von ihm gehört – (ich sprach zu ihm über Balthus im Jahr bevor er starb). Und es ist nicht nur, dass Frauen und Katzen eine so wichtige Rolle in den Bildern beider spielen und der verbissene Glaube an die figurative Malerei - mein Vater betrachtete „abstrakte" Kunst als Schwachsinn - sondern es ist auch eine bestimmte Art, ein bürgerlich-malerisches Emblem zu entwickeln, und, anstatt es zu fragmentieren und zu dekonstruieren, war es seine Art, die malerische Vergangenheit aufzugreifen, aber heute - was in gewissem Sinne eine phantastische Idee ist. Auf keine Weise kann es dich in eine Welt der Vergangenheit versetzen, denn du bist damit ja in diesem Moment beschäftigt. Allerdings umarmte mein Vater auch die von Matisse eingeführte Praxis, über die Malerei zu zeichnen und war in dieser Hinsicht moderner als er es selber gerne wahrhaben wollte. Ein anderer Maler, der hier erwähnt werden sollte, ist André Derain, ein Vorläufer der Postmoderne. Aber bevor ich mich Derain zuwende, möchte ich noch auf Balthus zurückkommen und sagen, dass sein Werk aus Szenen bestand, die in hohem Maße gestellt und aus denen die Geschichte entfernt war, und genau das verleiht ihnen ihre latente Macht. Im Werk meines Vaters existieren 2 Straßenszenen, eine frühe, die ich gerade erwähnte, und eine späte, die eine inszenierte Erinnerung ist, ein Katzenfleischmann, der versucht, seine Ware zu verkaufen, aber nur die Katzen sind interessiert; tatsächlich scheint diese auf einer Erinnerung fußende Phantasieszene nicht den Versuch zu machen, die Situation wirklich abzubilden, eher ist es eine gestellte Situation vor einer urbanen Kulisse mit einer Anzahl von Schauspielern. Damit ist er verdammt nahe bei Balthus. Dieses späte Gemälde hat was es braucht, um eine malerische Wirklichkeit zu sein, einschließlich einer Figur, die nur vage eingezeichnet ist und sich nicht der sogenannten Wirklichkeitstreue beugt, wie auch Balthus es nie getan hat. Es ist eine Phantasie, die auf den Erinnerungen an Straßen seiner Kindheit in Bermondsey beruht und hier destilliert ist. Die frühe Straßenszene ist eine Art überhöhte Wirklichkeit, eine Wirklichkeit, die formuliert wurde (sie stellt eine Szene dar, die 20 Jahre später spielt, als die spätere Straßenszene). Der Grund, hier Derain zu erwähnen, ist der, dass auch er in seinen besten, den späten Gemälden eine Art moderner Phantasie über Historienmalerei umarmte, die ja zwangsläufig von ihrem Vorbild abweichen musste. Gewissermaßen erlaubt dir dieser angenommene Ansatz, innerhalb seiner einen Malstil zu entwickeln. Die Hauptgruppe der Maler, die während der ersten Hälfte des zwanzigsten Jahrhunderts der figurativen Malerei treu blieben, waren die Surrealisten. Für sie war es eine Notwendigkeit, geläufige Szenen mit subversiven Bedeutungen aufladen zu können, um dem Bezug zur Außenwelt sozusagen eine innere Wirklichkeit zu geben, um das großartigste Bild der Wirklichkeit überhaupt zu erschaffen; am besten darin ist René Magritte. Aber diese Art, des Abbildens war etwas, womit das Werk meines Vaters nicht befasst war – es war, glaube ich, überhaupt nicht mit dem Abbilden befasst. Es ist eher Malerei zur Verherrlichung der Malerei. Indem er ein bekanntes Genre übernahm und es zu seinem eigenen machte. Das Komische ist, dass sein Werk auf keine Weise anachronistisch aussieht und die zeitlose Anmutung eines gefundenen Objektes hat.

(ins Deutsche übertragen von Justus Mandellaub)

WARUM ES FALSCH IST, DAS VERMÄCHTNIS VON CAGE INS ROMANTISCHE ZU ÜBERFÜHREN. (CAGE ZU ROMANTISIEREN.)

Cages Lebenswerk war die Objektivierung der Musik. Um sie so sachlich wie möglich zu gestalten, suchte er sie von seiner eigenen Persönlichkeit zu befreien. Er war ein großer Klassizist, der eine „Hände weg- Methode" anwandte, um Musik mit sich selbst zu verflechten. Er vertrat keine Position, obwohl er ein Star, eine Art nonkonformistischer Prediger war. Aber er hat nie versucht, sein Tun zu institutionalisieren, auch nicht, eine Haltung einzunehmen, die auf ein „heiliger als du" hinausliefe, obwohl er fast berechtigt dazu gewesen wäre. Die Sache mit Cage war, dass er probierte, einbezüglich zu sein, also potentiell fast alles in den Klang einzubeziehen. Dies wird sehr deutlich in 4'33". Auch in den späten „number pieces". Wenn du in deiner Arbeit einbezüglich bist, gibt es keinen Bedarf für eine Position. Ich wundere mich über die romantischen Komponisten und über die Romantik im Allgemeinen, wie beider Haltung die Welt stets eher auszuschließen trachtet, anstatt etwas

zuzulassen oder gar Wege zu finden, sich von dem was passiert, beeinflussen zu lassen. Der romantische Ansatz ist, der Welt eine Sicht aufzuzwingen und sie entsprechend dieser Sicht zu verdrehen; das zwanzigste Jahrhundert war insofern von brutaler Romantik. Die Welt benutzen, um sie dir gemäß zu machen. Und es ist das blinde Festhalten daran, worauf ich mich beziehe, wenn ich die Komponisten der Wandelweiser erwähne, eine Art Kirche der musikalischen Komposition, eine Sekte. Eigentlich spreche ich ja von Anfang an über sie. Ich glaube, in ihrer selbstgefälligen Art vermeinen sie, „der Welt zuzuhören und ihr zu erwidern". Sie geben vor, die Welt im Sinne von Cage einzubeziehen, und dann nutzen und schließen sie sie aus. Sie denken (- mag sein, dass ich hier anmaßend bin, aber ich fürchte, nicht), dass sie den Klang für sich klingen lassen, während sie sich ihm gleichzeitig aufzwingen. Denn Subjekt des Lebens ist das Leben selber, und wir sind das Objekt. Sein Objekt. Wir haben uns in eine Position zu begeben, in der wir es zulassen können, dass die Musik uns schreibt. Ich befürchte aber, sagen zu müssen, dass die Erfahrung beim Hören der meisten jener Komponisten, die der erwähnten Sekte angehören, mir gezeigt hat, dass sie sich selber zum Subjekt machen. Sie reduzieren die Musik zu „ihrem" Objekt. Meine Anklage lautet nicht, sie versuchten nicht in ausreichendem Maße, John Cage nachzueifern. Aber indem sie sein Vermächtnis aufgriffen, zerquetschten sie es, ebneten es zu einer sehr seichten Oberfläche ein. Hierfür haben sie das falsche Material gewählt. Das vollständige Material des potentiell Allen. In ihrer Arbeit gibt es keine eingebaute Distanz. Der Grund dafür ist, dass sie selber das Subjekt ihres kompositionellen Aufbaus sind, nicht die Musik und nicht das Leben. Aber letztlich leiden sie, und

es ist das Medium, das sie ständig tritt (das tut es nämlich, wenn du dich nicht „benimmst"). Es handelt sich bei ihrem Tun um so etwas wie eine persönliche Pose, die in eine musikalische Handlung verwandelt wird. Sobald du aber posierst, bist du verzweifelt darum bemüht, deine „Position" aufrechtzuerhalten, sie zu verteidigen usw. Was ihrem Werk aber fehlt, ist, glaube ich, eine gewisse Großzügigkeit. Ich selber bin an unverstellten Oberflächen interessiert und deren Befürworter in der Musik, das ist also weiß Gott nicht, was ich ihnen vorhalte. Aber ich finde, in ihrer Arbeit hat dies etwas geizig Selbstgerechtes, und ihre Reduktion ist letztlich einem eher kulturellen als künstlerischen Gedanken geschuldet. Noch kann ihre Arbeit als konzeptuell durchgehen, was, wie ich annehme, ihre Hoffnung ist. Mutmaßlich sehen sie darin gar ihre „beste Gelegenheit". Marcel Duchamp repositionierte den Betrachter, indem er veränderte was als Kunst anzusehen sei. Cage tat dies eigentlich nicht; er erweiterte, was als Musik anzusehen sei – oder besser, was als solche anzusehen/anzuhören sei. Und dann haben wir die Wandelweiser, die es schaffen, das Reale künstlich zu machen, indem sie es sozusagen herausschneiden, sich dem Freien aufzwingen. So schaffen sie Abziehbilder des Ewigen. Sie schaffen es, das Ewige also herabzusetzen. Das Problem (wenn es denn jemanden interessieren soll) ist, dass sie versuchen, mit dem Ewigen schlicht Kasse zu machen. Kunst aber sollte darin bestehen, das Künstliche real zu machen.

April 2010
(ins Deutsche übertragen von Justus Mandellaub)

KONZEPTUALISMUS

Die Sache ist die, dass du ja normalerweise etwas konzipierst und es dann verwirklichst oder es deinen planerischen Vorstellungen gemäß zu verwirklichen suchst, selbst wenn ein Pan B oder sogar C sich dabei einschleicht und das ursprüngliche Konzept eine Angleichung an die Wirklichkeit der Situation erfährt, so dass das verwirklichte Ding dich von jenem, wodurch es eingeleitet wurde, schließlich „wegführt". Bei der konzeptuellen Kunst ist es ein wenig so als fände gerade das Gegenteil hiervon statt – das „Ding" wird zunächst gemacht oder gefunden, um dann rückblickend konzipiert zu werden. Es ist eine Situation fortlaufenden Konzipierens – wobei es hier aber nicht der Verfertiger sondern eher der Rezipient, der Betrachter, der Zuhörer ist, der konzipiert. Das „Ding" ist nicht da, um als Ding, als „fertiges" Objekt gewürdigt zu werden, sondern als etwas das aus eigenem Recht gar nicht existiert und nur da ist, um eine Situation im Gemüt des Rezipienten herzustellen. Trifft dies nicht zu, so handelt es sich nicht um konzeptuelle Kunst. Solche also zu erschaffen, Stücke mit eigener aktiv katalysierender Fähigkeit, bedeutet also eher, eine Art Aufbau zu erreichen als etwas herzustellen, einen Aufbau, der den Rezipienten an anderer Stelle verortet als dies bei traditioneller Kunst der Fall ist. Der Rezipient wird Teil des Stückes, allerdings als Individuum, nicht als Schafherde. Konzeptuelle Kunst spricht eher zum Individuum als zu den Massen und läßt ihn/sie die Natur von Kunst und die gesamte Natur der Position von Kunst im Leben bedenken. Konzeptuelle Kunst ist aktiv und benötigt den Rezipienten zu seiner „Vervollkommnung". Die Substanz des Werkes ist nicht dessen äußere Erscheinung sondern ist nach Innen projiziert, sie ist ein Dortsein mit ihm im Ausstellungsraum/Konzeptraum, ein Hinaustragen seiner Situation in deinem Gemüt, hinaus auf die Straße, in die Kneipe, zurück nach Hause, wohin auch immer, das Objekt hat in seiner „Deplatzierung" sein Werk getan, und das Werk existiert unhabhängig, ohne seinen Urheber, und ist dies nicht der Fall, so handelt es sich nicht um Konzeptkunst. Marcel Duchamps Weinflaschengestell ist noch in jeder Ausstellung ein Schocker, so muskulös und nahe bei sich, wie es seine Lenden gürtet, und so rein, das reinste Werk weit und breit, am wenigsten durch Material „verdorben", ja ganz ohne Material, Marcel Duchamp brauchte kein Material im materiellen Sinne, etwas, das ihn schlicht zum größten der Konzeptkünstler macht. Ich finde, ich muss hier anfügen, (wie schon anderswo erwähnt), dass die Impressionisten den Fokus des Werkes verschoben, sie verpflanzten ihn in die Retina, indem sie sagten, es kommt nicht auf das Was sondern auf das Wie an; die großen Konzeptkünstler verpflanzten den Fokus hingegen ins Hirn, indem sie sagten – hier – du – du vollendest das Werk, du schließt den Kreis. Einfach ausgedrückt, Duchamps Weinflaschengestell sagt, wenn du einen Gegenstand aus dem Alltagsleben in eine Ausstellung versetzt, - nein – nicht – könnte dies auch Kunst sein – das meinte er nicht, so eng meinte er es nicht, denn er sah es gar nicht als einen Gegenstand, sonst wäre es „bloß" Fluxus (vor seiner Zeit) gewesen, - er sprach von Rekontextualisierung, denn das Weinflaschenge-stell war kein Ding an sich, sondern es stand für was, nicht so sehr, dass es was reprä-sentierte sondern – es stand für was. Es stand für den aktiven Akt des Gedankens. Das Weinflaschengestell ist der Muskel des Gedankens. (Fertige Objekte nehmen, nicht etwas herstellen, vielleicht eine winzige Kleinigkeit hinzufügen, eine kleine Taschen-spieler Volte, die alles verändert (Duchamp).) Die fertigen Objekte, ihrer Funktion ent-rissen, ihrer Funktion entkleidet, nackt, nutzlos, was machen sie da überhaupt? Das Fahrrad-Rad, das nirgends hinfährt, das Flaschengestell ohne Flaschen, die Schnee-schaufel ohne Schnee, sie wurden entblößt, entkleidet, entbedeutet, sie hätten (rück-blickend) beliebige andere Dinge sein können, es ist einfach so passiert, dass sie waren, was sie waren, aber der Genius Duchamps verfiel natürlich auf Dinge, die sehr präzise in ihrer Alles-heit waren. Die knallhart nicht-abstrakte Natur dieser Objekte, fast ätzend, ätzend französisch in ihrer Präzision, das Fehlen von Romantik und jedweder Wolkigkeit, messerscharf, reine Kontur, wie Blaupausen ihrer selbst, allerdings ihres Ursprungs be-raubt, abgeschnitten von der Welt, präsentiert in Lebensentleertheit, entleert des Lebens, dem sie entstammten, gab ihnen ihre größte latente Macht, tatsächlich ist alle ihre Macht latent. Sie sind eine Art „Haken"/Brücke zwischen Museumsobjekten und All-tagsobjekten, - sie sind aus dem eben erwähnten Grund keine Alltagsobjekte mehr – (entblößt etc., ich brauche das jetzt alles nicht nochmal durchzugehen) aber sie sind - sie bieten uns nicht, sie sind - eine Brücke zwischen Museum, Ausstellungsraum und Alltagsleben. Und als solche sind sie ein Schock in einem Museumskontext, auch wenn der mögliche Nutzen seines Fahrrad-Rades als Alltagsgegenstand inzwischen gering sein mag. Könnte man sagen – es ist nur die Idee eines Fahrrad-Rades, eines Weinfla-schen Gestells, etc.? Nein, ich glaube nicht, denn wie erwähnt sind sie ja potentielle Alles-heiten und darin sehr präzise. Außerdem ist natürlich noch zu erwähnen, dass diese dem Alltagsleben entnommenen Funktionsobjekte, zunächst in der Außenwelt zu finden waren, und nun, präsentiert in Ausstellungsräumen, fanden sie sich in einer „In-nenwelt" wieder. Hingegen waren sie ursprünglich für den privaten Gebrauch einer spe-zifischen Person bestimmt, um sich nun in einem öffentlichen Raum „verallgemeinert" wiederzufinden. Diese Verallgemeinerung des Privaten trifft den Nagel der Kunst auf den Kopf. Alle große Kunst hat das, die Verallgemeinerung des Spezifischen, des Priva-ten, wenn man so will, und Ds Werke sagen auf sehr elegante und lapidare Weise, was Kunst ist. Sie sind wie Brücken zwischen Öffentlichem und Privatem, aber es handelt sich um eine Bewegung, die sich gleichzeitig in beide Richtungen vollzieht. Ich sagte zuvor, dass sie eher zu einer einzigen individuellen Person sprechen, als zu einer Herde Schafe, und es ist interessant, dass diese Gegenstände aus der Massenproduktion stam-men aber für das Individuum bestimmt waren. Duchamp drehte das um. Erneut eine Brücke in beide Richtungen, die die Herkunft und die Repositionierung miteinander ver-bindet. Ich erwähnte bisher noch nicht das Pissoir, das er mit „R. Mutt" signierte. Was natürlich interessant ist, ist dass er sich fertige Gegenstände aneignete und sie als sein

Werk präsentierte. Das ist es, unter anderem, wodurch der Focus auf die Rolle des Künstlers gerichtet wird, und das ist es auch, was Konzeptualismus ausmacht– er handelt von der Rolle des Künstlers. Von der Rolle des Künstlers überhaupt, nicht nur in Bezug auf die Herstellung des Werkes, das du gerade betrachtest, das ist nur ein Vorwand, allerdings ein notwendiger, denn so funktioniert der Aufbau des Konzeptualismus. In dem er fertige Objekte als potenzielle Kunstwerke nimmt, sagt er auch, „es war nur zufällig ich, der das gemacht hat, aber ich bin ein potentieller Jedermann", und tatsächlich verzichtete er auf sich selbst indem er sein Werk mit „R. Mutt" signierte und indem er die weibliche Persona von Rrose Sélavy annahm. Dies ist eine wesentlich elegantere Art, zu sagen, Jeder Mensch ist ein Künstler als es Beuys mit seinem plumpen, wenn auch wohlmeinenden Edikt tut. Die Leute sagen, dass bei der konzeptuellen Kunst die Idee dahinter wichtiger ist als „das Werk selber". Das ist Schwachsinn, insofern es ja die Idee davor ist, auf die es ankommt, und auf ihren sichtbaren Teil kommt es insofern an, als er die Situation für diesen Gedankenaufbau herstellt, also ist „das Werk selber" schließlich der Gedanke vor ihm, das, was es sozusagen gedanklich emittiert, indem es sagt, „die Rolle des Künstlers in der Welt", und das Gewicht liegt bei ihm auf dem Menschlichen anstatt auf dem Hergestellten. Marcel Duchamp gelang es auf sehr französische Art, sehr unromantisch zu sein, indem er nicht versuchte, aus gefundenen Objekten „etwas zu machen" wie Tinguely, sondern sie einzusetzen, um die Position des Betrachters zu verändern. Er schlüpfte in die unromantische Haut eines Künstlers des 18ten Jahrhunderts, eines anonymen Mannes. Zumindest spielte er damit. Wir sind nicht mehr unschuldig. Konzeptuelle Kunst führt die Kunst weg von der Kunst und macht das Medium rückblickend irrelevant. Raymond Roussel nahm Schreiben von hinten. Er war der Anfang der inoffiziellen Geschichte des zwanzigsten Jahrhunderts und war für Duchamp von gewaltigem Einfluss. Er war den Romantikern Joyce oder Beckett, diesen Sprachwichsern, diametral entgegengesetzt. R.R. schuf eine neue Art von Bedeutung in der Literatur, eine die aus Sprache geboren ist, nicht aus „Wirklichkeit". Das heißt, dass die „Realität" oder Oberflächenbedeutung eine Art Fälschung ist, völlig artifiziell, eine Art artifizielle Parallele zum Realen. Er erschafft Bilder „des Realen" durch Spiele mit Sprache, die mit einer Richtung von Wirklichkeit herausrücken. Eine Art erschaffene Wirklichkeit, hergestellt. Ich wollte schon sagen kubistisch und Cézanne hier ins Spiel bringen, aber das wäre falsch. Denn sein (R.R.s) Werk ist im Grunde linear, wie eine Kette von Ereignissen, bei denen, auf logische aber tastende Weise eines zum nächsten führt.

Also hat Roussel eine Art künstlicher Realität erschaffen, sehr viel Begegnung von Mensch und Gegenstand, wobei die Gegenstände wichtiger sind, die Menschen hingegen nur eine Art Anhängsel der Gegenstände. Erneut wird hier also die Rolle des Künstlers als Erschaffer von Realität in den Vordergrund gerückt, und wie bei Duchamp ist rückblickend das eigentliche Material der Leistung des Machens untergeordnet, das vor deinen Augen stattzufinden scheint. Die Sprache ist, wieder wie bei Duchamp, sehr klar und konzis und alltäglich, ganz im Gegensatz zu Joyce, der die Sprache auszuweiten versuchte, dabei aber im Deskriptiven verharrte und daher niemals konzeptuell sein konnte. Bei Roussel ist es so als existiere ein Bedeutungsbrocken jeweils aus eigenem Recht. Auch Satie verwendete eine konzise und alltägliche Sprache zur Erschaffung seiner großen konzeptuellen Werke. Seine Musik war in einer Art volkstümlichen Idioms geschrieben, das eine Intellektualisierung durchlaufen hatte.

In einer Art kristallisierter erweiterter Tonalität die keiner Auflösung bedarf. In den 1890er Jahren schrieb er „Vexations", ein kurzes Pianostück, das aufgrund seiner vorausgeschickten Anweisung, es 840-mal zu wiederholen, 24 Stunden dauert. Auch dies lässt eine Art künstlicher Realität entstehen, das Werk, anstatt als Trichter für Eskapismus zu fungieren, bringt uns zurück zur Rauheit unserer eigenen Realität. Abgesehen davon, dass er den Minimalismus (Vexations) erfand, ließ er es sich auch einfallen, mit Muzak (Musique d´ ameublement) und Neo-Klassizismus (Sonate Bureaucratique) aufzuwarten. So dass er also die Musik im Verhältnis zum Zuhörer repositionierte und Musik nicht so sehr zu einer Sache machte, die man sich anhört, als zu etwas mit dem zusammen man ist, er konkretisierte sie, und dies zu einer Zeit des späten Romantizismus und des Expressionismus, als der allgemeine Trend zum psychologisierenden Abbilden ging, das vom Selbst verströmt wurde. Man könnte

sich, wenn man an die Rolle des Künstlers denkt, in den Gedanken verheddern, dass die Romantiker diesen Punkt nach vorne gebracht hätten, indem sie sich selbst ins Zentrum ihres Werkes rückten, Byron, Schumann, Berlioz, Liszt, indem sie ein Cliché vom Künstler als Mann-auf-der-Straße schufen, aber sie bauten sich selber als Außenseiter auf, als die Besonderen, während die großen Konzeptkünstler das Gegenteil hiervon machten - sie bauten sich selbst als gewöhnlich auf, als den potentiellen Jedermann, das Werk als das potentielle Jedesding, nicht das Besondere oder Außergewöhnliche, nicht der Sonderling. Genauso wie du mit Saties Musik sein musst, anstatt ihr zuzuhören, gilt dasselbe auch für Duchamp – es gibt nichts zu betrachten, du musst nur einfach damit sein. Es handelt nicht „von" etwas, noch schrieb Roussel über etwas, noch hatte er ein Thema. Er bewegte sich durch etwas hindurch, eine Durchgangsbewegung durch das potentielle Alles. Man hat über Beethoven gesagt (auch ich), dass er ein großer Konzeptkünstler war, wenigstens in seiner Musik, aber ich würde das nicht sagen, denn er baute vollendete Stücke, Stücke, die die Idee von Musik sind, ein vollständiges Modell davon, was Musik ist, er benutzte oder illustrierte Musik nicht, und das machte ihn zum größten Komponisten, nicht aber zum Konzeptualisten. Nauman, Bruce nutzt das eigentliche Gewebe von Kunst selber um seine Stücke zu bauen, die praktischen Grundlagen von Kunst, genau wie es auch Beethoven tat. Das macht sie einander sehr ähnlich. Aber ein Großteil von Nauman Bs Werk ist damit befasst, den Betrachter/die Betrachterin sich selbst aktiv gegenüberzustellen, da Nauman natürlich den Betrachter als Fahrer seines Wagens benötigt; dies ist eine Art selbstpersonalisierter Konzeptualismus, einigermaßen einfach im Vergleich zu den frühen Franzosen und - hat sogar ein bisschen mit Hollywood-Horror zu tun, und, Gott bewahre, mit dem Einfluss des deutschen Expressionismus auf diesen. Aber selbstverständlich ist das immer noch eine große Form von konzeptuellem Werk, mit seinem Aspekt der „Gedanken", die vor ihm, anstatt hinter ihm ausgetragen werden, dabei jedoch existenzieller als Duchamp oder Russel oder Satie, die ja kein bisschen existenziell waren, sie waren mit Leben auf sonderbare Weise gar nicht befasst.

Die größten Konzeptkünstler sind die Künstler aller Künstler, die Gott am nächsten kamen, wenigstens in der westlichen Tradition, da ihr Werk über den Gegenstand hinausgeht, immer weiter hinein, der Gedanke vor dem Gedanken. Duchamp, der Größte, Gott am nächsten, war ein fast aggressiver Atheist. René Magritte war natürlich jemand, der eine konzeptuelle Situation in zwei Dimensionen aufbaute, und er war der Einzige, der so etwas gemacht hat, einmal abgesehen von dem anderen aus diesen Breiten, ein paar Jahre zuvor, J. van Eyck. Mehr zu ihm später. Magritte malte flache Bedeutungs-Ansichten von, indem er die augenfällige Bedeutung negierte und verdrehte, eine Doppeldrehung. Eine Pfeife zu malen und die Bildunterschrift „dies ist keine Pfeife" hinzuzufügen, ist eine doppelte Negation, da die Abbildung ja auch die Bildunterschrift negiert. Er verwendete Wörter, malte sie, so als wären sie Abbilder von etwas Sichtbarem und malte Dinge, als wären sie Worte. Das Gemälde, das Tag und Nacht gleichzeitig auf einer einzigen Ebene darstellt, macht aus Zeit einen Festkörper-Zustand, und er formte in der Tat durch seine doppelten Verneinungen Festkörper-Situationen der Bedeutung. Er nahm sich immer sehr alltäglich bürgerliches Bildmaterial für seine Werke vor, genau wie es auch Roussel, Duchamp & Satie taten. Sie waren Künstler, die das Bürgerliche, das „Normale" aufgrund von dessen Zivilisiertheit begrüßten. Die gemalten Wörter, wie gesagt, sie wurden auch wie Darstellungen benutzt, und darin war er die darstellerische Version von Duchamp, der so ungefähr das Undarstellerischste war, das es geben kann. Dass es die Rolle des Malers sein könnte, diese unmalerischen Tafeln von festkörperlicher Bedeutung zu produzieren, die selbstverständlich dennoch als Gemälde posieren und neben anderen Gemälden ausgestellt werden, als wäre nichts dabei. Jan van Eyck - hatten wir gerade - der andere große konzeptuelle Maler, der eine in zwei Richtungen funktionierende Situation zwischen dem Betrachter und den Handelnden in seinen Gemälden aufzubauen verstand, bei der die betrachtende Situation sich bereits im Gemälde verkörpert fand. Ich denke natürlich an die Kopfzerbrechen bereitende sogenannte Arnolfini Hochzeit, wo die Figuren im Gemälde (+Hund), von einem (wie wir in einem Spiegel hinter ihnen erkennen können -) geheimnisvollen Fremden beobachtet werden. Dieser geheimnisvolle Fremde ist ein verkörperter Betrachter, teils der Künstler selber und in der selben Position der Betrachter, was bedeutet, dass das Paar in dem Bild auf den Betrachter zurückschaut, was wiederum das ganze Gemälde zu einem aktiven, in zwei Richtungen funktionierenden Betrachtungs-Aufbau macht. Diese Platzierung des Betrachters innerhalb des Werkes ist eine subtilere und weniger didaktische Version als die von B. Nauman und Dan Graham. Ich meine, Van Eycks Gemälde ist interessant, weil es den Betrachter gar nicht benötigt, um es zu verbinden oder zu verdrahten, wie es das jeweilige Werk von B.N. und von D.G. tut, aber es ist dennoch konzeptuell in seinem direkten Platzieren des Betrachters. Der andere große konzeptuelle Künstler der Niederlande war Marcel Broodthaers. Er generalisierte die scharfen Bedeutungsdrehungen Magrittes, um Worte und Bedeutungen untereinander austauschbar zu machen. Er entledigte sich der konventionellen Medien in noch größerem Ausmaße als Duchamp und baute so etwas wie eine Situation der Bedeutung in seinem Werk auf. Dieses – aber ebenso gut auch jenes – wie eine intellektualisierte Version von Prälogikalismus. Eine formalisierte Version von zertrümmertem Strukturalismus. Er war nicht befasst mit Bildern, wie es sein Mentor R.M. war, und er verwendete Readymade Versionen von ihnen in Plakat-artigen Werken, die - einbezogen in den Jardin d´hiver - als visualisiertes Wort gesehen werden konnten. Er verwendete natürliche Gegenstände (Muscheln, Eierschalen) und transformierte sie zu hochartifiziellen Artefakten – seine überquellenden Muscheltöpfe – sehen fast buchartig aus, wie Illustrationen ihrer selbst – und nehmen dabei eine Art zweidimensionale Anmutung an. Die Worte die an diesen Artefakten haften, behandeln diese als wären sie Seiten in einem Buch. Seine Artefakte wurden „eingeebnet" indem sie als Trugbilder verwendet wurden, Diener der Substanz der Bedeutung. Er versorgt dich mit einer Art Gebiet, wie einem Garten der Substanz der Bedeutung, den du durchwandern kannst und als Betrachter fügt es sich in deinem Inneren zusammen. Er hat allemal mehr Vorbereitungsarbeit geleistet als Duchamp, was sein Werk paradoxerweise zerbrechlicher macht, anfälliger für Missbrauch; d.h. wenn es sich nicht in einer Situation befindet, in der es zusammengefügt werden kann, in dem Garten, dann kann es schnell wie Krimskrams aussehen. Ich habe genug über ihn geschrieben. Chris Burden ließ sich in den Arm schießen. Das war´s. Auch dies ist ein alltägliches Vorkommnis, das auf einen Sockel gehoben wird. Und in gewissem Sinne auch, handelte es sich um einen Pseudo-Schuss, um einen Pseudo-Tod, keinen echten, eine künstliche Realität, Realität ihres Funktionalismus entkleidet, wie Marcel Duchamps Gegenstände. Ihr Funktionalismus - entfernt. Und hier wurde der Funktionalismus des Schusses ebenso entfernt, da ja niemand versucht, Chris Burden zu töten oder auch nur zu schädigen. Es ist die abstrahierte Handlung, genau wie bei Duchamp wurden auch hier die Objekte abstrahiert d.h. entfunktionalisiert. Erneut also die latente Macht. Der Künstler in der Rolle als Adressat jenes Schusses, bekleidet auch diejenige als potentieller Jedermann und die spezifische Natur, die potentiell hoch-emotive Natur verwandelt sich in eine generalisierte. Das ist es was große Kunst ausmacht. Das ist wie ein Prototyp von Kunst und dementsprechend konzeptuell, inklusive der neuen Positionierung eines solchen Vorgangs, hinein in einen Ausstellungsraum. Späterhin befasste Burden sich damit, Werke zu schaffen, die nicht funktionieren sollten, wie „Fist of Light", ein Gerät, das so viel weißes Licht produzierte, dass es schwarze Kleidung in weiße verwandeln konnte, allein, man hatte dem Künstler dies einfach zu glauben, da die Sache aufgrund des Lichts und der Hitze niemals von irgendjemandem im Publikum ausprobiert werden konnte. Tatsächlich war es nur möglich, das Äußere des Geräts zu sehen, die Belüftungsschächte zum Beispiel, die äußeren Zeichen ihres Waltens. Genau wie wir niemals unser eigenes Inneres, unsere Gehirn und Herzen zu sehen bekommen – oder wenn, dann nur auf technologischen Abbildungen hiervon und was andere Leute uns erzählen - so hat Burden das äußere Zeichen eines Phänomens geschaffen, das wir niemals eins zu eins erfahren können. Obwohl in der Realität realisiert, machte es die Extremheit seiner Natur – mit anderen Worten, es war zu sehr realisiert – zu so etwas wie den Geist des Lichts, das Gespenst des Lichts. Nach ungefähr einer Woche musste das Whitney Museum es wegen enormer Stromkosten „abschalten". Natürlich ist – zu überhöhten Kosten eine öffentliche Institution durch etwas hindurch zu bemühen, das man nicht sehen kann, an sich schon eine Abfallprodukt–Aussage. Wir müssen für den Geist einen hohen Preis entrichten. Dieses große konzeptuelle Werk mit der Körpersituation zu vergleichen, hat mich nachdenklich darüber gemacht, in welchem Maße unsere Beziehung zum eigenen Körper konzeptuell ist. Er ist wir und uns gleichzeitig fremd – wir wissen nicht, was mit ihm los ist. Wir fühlen uns ihm auch entfremdet, insofern es nie eine Eins zu Eins Beziehung ist, immer indirekt. Er ist in der Tat ein Teil der äußeren Welt, und einen Großteil seiner äußeren Oberfläche bekommen wir nie zu Gesicht. Wir haben so etwas wie eine Verinnerlichung unserer Körper in unserem Geist, der die größere Realität für uns ist, ist doch das Innere unserer Körper für uns abstrakter als unser Geist und unsere Gefühle, die gleichzeitig auch auf unsere Körper einwirken können. In der Tat sagen wir: „wir fühlen uns nicht wohl" oder „wir fühlen uns sehr wohl"; dies ist eine Internalisierung unserer Körper. Das Paradoxe daran ist, dass wir, aufgrund unserer Körper, die für uns abstrakt sind, geboren werden und sterben. Der Punkt ist, dass der Körper natürlich sehr spezifisch ist und der Geist ihn natürlich generalisiert, sogar den Schmerz. Er fasst ihn zusammen mit dem Rest der Welt. Der Körper könnte auch die Aktion genannt werden. Der Körper ist wie das gefundene Objekt, der „Alltagsleben"-Aspekt von Duchamps Objekten. Das Gemeinschaftseigentum. Man könnte ihn sogar „hergestellt" oder „massenproduziert" in dem Sinne nennen, in dem es seine Readymades waren. Der Körper ist ein Readymade. Aber er hat einen eingebauten Geist. Einen Geist zu haben, hemmt den Körper, behindert ihn. Der Körper jedenfalls verliert seine 100prozentige Virtuosität, die alle anderen Mittiere noch haben.

Der Geist stattet uns mit einer „Distanz zu uns selber" aus, von der ich annehmen möchte, dass sie Tieren nicht zueigen ist, oder doch in viel geringerem Maße als uns. Aber wir haben natürlich unsere Fähigkeit zu reflektieren, zum Preise unserer physischen Virtuosität. Was ich also sagen will, ist, unser Aufbau, der menschliche Körper-Geist Aufbau ist eine Parallele zur konzeptuellen Kunst, oder, besser, anders herum, sind doch unsere „Objekte" ihrer ursprünglichen Funktionen entkleidet – es ist keine perfekte Analogie – aber die virtuose Seite des Körpers ist ja als Gegenleistung für die Fähigkeit zur Reflektion und zur Selbstdistanz durchaus drastisch reduziert worden, wobei unser Körper zu einer Art Anhängsel an den Geist wird, auf ähnliche Weise wie der Gegenstand oder die Aktion konzeptueller Kunst zu einem Anhängsel an den Gedanken vor ihm wird. Dies würde bedeuten, dass konzeptuelle Kunst ein Modell und somit eine Simplifikation des Körper-Seele Aufbaus ist. Ich habe mich gefragt inwieweit das Konzeptuelle etwas mit der Empfängnis (lat. „conceptio") zu tun hat. Wenn wir etwas konzipieren, wenn wir einen Gedanken empfangen, so wird ein Gedanke geboren aus etwas Altem, indem er in eine neue Situation versetzt wird. Das ist es, was geschieht wenn wir einen Gedanken haben. Es ist die Rekontextualisierung von etwas bereits Bestehendem im Geist. Ich spreche nicht vom Nachdenken, was ein fortlaufender Prozess ist und im Grunde das, was Philosophen betreiben. Ich meine eine einmalige Begebenheit. Einen Gedanken. Das Jetzt und das Danach, die interagieren, um eine Transformation und somit etwas Neues zu erschaffen. Das ist es, was in der konzeptuellen Kunst geschieht. Genau wie Beethoven nicht konzeptuell war, war dies auch John Cage nicht, da sich sein Werk in Vollendung darbringt, sogar ein Stück wie 4'33" ist ein komplettes Paket, benötigt keine Zusammenführung; in gewissem Sinne ist es dies, was Cage, Gott segne ihn, zu einem „stumpfen" Komponisten macht, im Gegensatz zu dem „scharfen" Komponententum" seines geliebten Satie. Beuys ist das absolute Gegenteil von konzeptuell. Er begrub sich in Material. Sein Werk ist vollkommen vollendet, hat keine latente Macht sondern erreicht so etwas wie Marvells grüner Gedanke in einem grünen Schatten. Auf seltsame Weise versperrt sich das Werk Beuys´ dem Künstler Beuys, auf paradoxe Weise löscht es ihn mitsamt seinem Material aus.

Oktober 2010
(ins Deutsche übertragen von Justus Mandellaub)

CHRIS NEWMAN
IN MEMORY OF THE LIVING AND THE DEAD
IN ERINNERUNG AN DIE LEBENDEN UND DIE TOTEN
7 ESSAYS

SALON VERLAG & EDITION
WWW.SALON-VERLAG.DE
MAIL@SALON-VERLAG.DE

POLAROIDS:
CHRIS NEWMAN
TRANSLATIONS:
JUSTUS MANDELLAUB
MATTHIAS FLÜGGE
LAYOUT / SCANS:
BÜRO MAHLKE GRAFIK
PRINT:
DRUCKEREI CONRAD

ESSAY 4 (MICHA ULLMAN: A QUIXOTICAL SURVEY)
FIRST APPEARED IN CATALOGUE:
MICHA ULLMAN - SANDWERK,
LEONHARDI MUSEUM DRESDEN 2011

Bibliografische Information der Deutschen Nationalbibliothek
Die Deutsche Nationalbibliothek verzeichnet diese Publikation in
der Deutschen Nationalbibliografie; detaillierte bibliografische
Daten sind im Internet über http://dnb.dnb.de abrufbar.

ISBN 978-3-89770-445-9